Jungs für den Massenmarkt

Eine kurze Geschichte der Boybandlüge
Ein Popessay über künstliche Nähe, echte Tränen – und warum Nick Carter nie dein Freund war..

Titel: Jungs für den Massenmarkt
Autor: Hinrich Lamp

Erstveröffentlichung: Schönberg 2025
Covergestaltung: eigene Gestaltung
Druck und Vertrieb: epubli GmbH, Berlin
ISBN 978-3-819794-09-4

Inhaltsverzeichnis

Vorwort

In den 90ern wurde ich groß. Ich habe den Hype der Boybands von Anfang bis Ende erlebt – und durchlebt.
Noch heute ertappe ich mich dabei: Wenn im Radio ein „Everybody!“ erklingt, rufe ich automatisch ein „Yeah!“ hinterher.
Ein Guilty Pleasure? Vielleicht. Aber gleichzeitig frage ich mich: Was war damals eigentlich los?
Warum traf das so genau den Nerv der Zeit?

Ich bin kein Musikprofessor. Ich habe keine Musikgeschichte studiert – ich kann nicht mal ein Instrument spielen.
Aber 2012 kaufte ich mir einen Plattenspieler. Ich durchstöberte Flohmärkte, Second-Hand-Läden, kaufte für wenig Geld alte Schallplatten.
Natürlich keine Boybands – in den 90ern war Vinyl tot, CDs waren das Maß aller Dinge.

Und doch: Ich fand eine Schatzkiste. Eine Welt, die ich nur oberflächlich kannte, öffnete sich mir. Ich hörte mich durch die 60er und 70er – und entdeckte Musik, die oft freier, roher und ehrlicher klang als vieles aus meiner Jugend.
Ein Widerspruch? Vielleicht. Schließlich wuchs ich mit „Bumm-Bumm“-Beats und Hochglanz-Pop auf. Aber seichte Popmusik ist nichts Schlechtes.
Sie kann der perfekte Soundtrack sein – für die erste Liebe, die Clique, den Sommer, der nie wieder so war.

Man muss sie nur als das hören, was sie ist. Nicht jedes Lied will die Welt verändern.

Manchmal reicht ein When You Looking Like That, ein I Want It That Way oder ein Bye, Bye, Bye, um genau das zu sagen, was man in dem Moment fühlt.
Verändern solche Songs die Welt? Nein.
Fangen sie den Zeitgeist ein? Absolut.
Ich nehme euch mit auf eine Reise in eine Ära, in der Discmans „in" waren, Dr. Sommer mehr Aufklärung leistete als der Bio-Unterricht – und das Wetter natürlich immer besser war.
Ich bin komplett unabhängig – was heißt: keine Rechte an Bandnamen, Bildern oder Texten.
Liedzeilen darf ich nicht abdrucken (Urheberrecht lässt grüßen), aber keine Sorge – auch so haben wir genug Material.

Ein Wort zum Aufbau: Das Buch besteht aus zehn Kapiteln – ein großer Teil davon sind Bandbiografien. Einige dieser Gruppen kannte ich selbst kaum, als ich mit dem Projekt begann: Menudo, New Edition oder LFO. Andere – wie die K-Pop-Welt – waren mir völlig fremd. Gerade dort hat sich der Blick gelohnt.
Die meisten Biografien beleuchten gezielt einen Aspekt des Phänomens Boyband – Entstehung, Mechanismen, Zerfall. Viele hängen zusammen, besonders die Bands aus dem Umfeld von Lou Pearlman. Zusammengenommen ergeben sie ein Bild von seinem System – und seinem Fall.

Seht es also wie einen Bravo-Starschnitt: Jede Band ist ein Teil, zusammen ergeben sie ein großes Ganzes. Wer von ihnen der Kopf, das Herz oder der Hintern

ist, darf jeder selbst entscheiden.
Klar ist nur: Die Biografien sind kein Bonusmaterial.
Sie sind ein wesentlicher Teil des Essays.
Ich lege euch deshalb wirklich ans Herz: Lest auch die Biografien der Unbekannteren.

Vielleicht entdeckt ihr dort mehr Wahrheit als in der Band, die euer Kinderzimmer tapezierte.
Denn über die Backstreet Boys wisst ihr wahrscheinlich ohnehin schon genug.

1. Von Monkees bis Menudo – Die Pioniere (60er-70er Jahre)

Was ist eine Boyband? Eine Frage, die man sich mit Sicherheit nicht stellen muss.
Wenn man heute an Boybands denkt, dann denkt man an junge Männer, die zu seichten Musikkompositionen eine Choreografie tanzen und mehr oder weniger subtil sexy sein sollen.
Doch woher kam dieses Phänomen, das in den 90er-Jahren die Charts dominierte und Mitte der 2000er langsam verschwand? Warum verschwand es?

Lou Pearlman, der Erfinder der Boybands, wie wir sie heute definieren, sagte einmal sinngemäß: „Solange es kleine Mädchen gibt, wird es auch Boybands geben.“ Er sollte recht behalten – doch heute sind sie wesentlich weniger präsent.

Aber beginnen wir ganz am Anfang, bei den ersten Boygroups. The Beatles, The Beach Boys – sind das Boygroups? Wenn die einzelnen Jungs zu sehen waren, kreischten die Mädchen. So sehr, dass die Beatles irgendwann von einer Liveband zur reinen Studioband wurden – und Musik schufen, die live nicht aufführbar war, die sie aber künstlerisch völlig neu erfand. Und auch wenn wir bei den Beatles genau das finden, was eine Boygroup ausmacht – unterschiedliche Typen und kreischende Mädchen – zählt man sie dem Genre nicht zu. Aber sie haben es mit Sicherheit möglich gemacht.
Die Beatles waren also keine Boygroup im heutigen Sinn – aber sie zeigten, dass sich Musik, Jugend-

lichkeit und Charisma in ein kommerzielles Gesamtkonzept verwandeln lassen. Ohne die Beatles wäre das Boyband-Prinzip wohl nie in dieser Form entstanden.

Es sprießten unzählige Gruppen aus dem Boden, die plötzlich wie Kopien wirkten, aber keine waren, etwa: The Animals, The Kinks, The Turtles, nur um einige zu nennen.
Die 60er- und 70er-Jahre waren eine Zeit, in der die Nachkriegsgeneration erwachsen wurde. Man wollte nicht die Fehler der Elterngeneration wiederholen, man lebte in Frieden – und die Musikindustrie steckte noch in ihren Kinderschuhen, was oft Raum für echte Kreativität ließ. Doch natürlich erkannte man, was funktionierte – und wollte es vermarkten.
Geld verdienen, ohne sich mit Allüren von Künstlern herumschlagen zu müssen.
Man entwarf eine Fernsehserie, die sich um eine fiktive Band drehen sollte: The Monkees. Und machte dabei genau das, was später zum Baukastenprinzip der Boybands werden sollte. Man entwarf Rollen – den Niedlichen, den Clown, den Nachdenklichen, den Ernsten – und castete junge Musiker oder Schauspieler, die in dieses Raster passten.

Damit steht für mich der Ursprung der modernen Boyband fest: Es ist das Jahr 1965, in dem am 8. September in der Zeitschrift Variety vier „verrückte Jungs zwischen 17 und 21“ für eine neue Serie gesucht wurden. 1966 lief die erste Staffel an – und mit I'm a Believer landete man im selben Jahr einen Welterfolg.
1967 konnte man diesen in abgeschwächter Form mit Daydream Believer wiederholen.

Ironischerweise wurden die Monkees nie so ernst genommen wie andere Bands. „Das sind doch nur die Clowns aus dem Fernsehen“, hieß es oft. Gerade Michael Nesmith und Peter Tork sahen sich aber als Musiker – und waren frustriert darüber, dass sie zwar singen, aber keine Instrumente auf ihren Alben einspielen durften. Hinter den Kulissen entbrannte ein Machtkampf, in dem sich die Band zwar durchsetzte. Doch die TV-Show wurde nach nur zwei Staffeln eingestellt – und nun, da sie die volle Kontrolle hatten, verloren sie den Erfolg. Die großen Hits der Monkees stammten nicht aus ihrer Feder – sie wurden für sie geschrieben oder durften genutzt werden. Die Band war nicht gewachsen, sie war erschaffen worden. Und so zerbrach sie 1971 vollständig – auch wenn es später immer wieder zu kurzen Reunions kam.

Nach dem Ende der Monkees tat sich zunächst nichts. Zwar gab es in den 70ern Teenie-Idole wie David Cassidy, die Osmonds oder die Bay City Rollers, doch eine echte Boyband – mit klaren Rollen, Zielgruppenausrichtung und Choreografien – suchte man vergeblich.
Die Musik der 70er war anders geprägt: Sie suchte Tiefe, Authentizität, große Alben statt formatierten Pop. Die Zeit war nicht reif für das Baukastensystem. Und auch das Fernsehen – einst Geburtshelfer der Monkees – hatte keine Plattform, um ein vergleichbares Konzept neu zu starten.

Das Boyband-Prinzip lag zunächst also brach – oder besser: Es wartete darauf, neu gedacht zu werden. Was bei den Monkees noch fast versehentlich passiert war

– dass eine gecastete TV-Band zu einer echten musikalischen Einheit heranwuchs, mit künstlerischen Ansprüchen und internen Machtkämpfen – wurde bei Menudo systematisch verhindert.

Menudo war kein Pop-Experiment, Menudo war ein Pop-System. Die Band ging 1977 an den Start, wurde in Deutschland kaum bekannt, war in Lateinamerika aber ein riesiger Erfolg – und ist bis heute aktiv. Denn hier ließ sich die Plattenfirma nicht reinreden.
Die Rollen waren vorgegeben, das Alter streng limitiert. Wer älter als 16 war, musste gehen – egal wie beliebt, talentiert oder erfolgreich er war. Die Idee von „Band“ wich der Idee eines ewigen Produkts, das durch frische Gesichter seine Haltbarkeit verlängern konnte. Kein Platz für Autonomie, kein Platz für Entwicklung – nur Platz für Effektivität.
Das hatte zur Folge, dass die Liste der Bandmitglieder bis heute über 40 Namen zählt. Der bekannteste unter ihnen: Ricky Martin.

1.1 The Monkees – Die Pioniere

„Madness!! Auditions. Folk & Roll Musicians – singers for acting roles in new TV series. Running parts for 4 insane boys, age 17–21. Must come down for interview.“ – Anzeige in Variety, 8. September 1966.

400 Leute bewarben sich, darunter auch gestandene Musiker wie Stephen Stills, der später mit Crosby, Stills & Nash (und später auch mit Neil Young) große Erfolge feierte und als einer der bedeutendsten Musiker seiner Zeit gilt.

Er wurde nicht genommen, weil sein Äußeres nicht passte: Zähne nicht schön genug, Haaransatz zu hoch. Er nahm es mit Humor, zumal die Produzenten seinen Stil mochten und ihn fragten, ob er jemanden kenne, der ihm ähnlich sei. Stills empfahl daraufhin seinen Freund Peter Tork, einen Folk-Musiker aus Greenwich Village.

Davy Jones hatte Musical-Erfahrung, er spielte im Musical Oliver!. Einen ähnlichen Background hatte Micky Dolenz, der Kinderstar aus der Serie Circus Boy, spielte etwas Schlagzeug und war damit perfekt für die Idee, die man verfolgte: Musik gemischt mit Schauspielerfahrung.

Abgerundet wurde das Quartett mit Michael Nesmith. Er erschien beim Casting mit einer grünen Wollmütze, um aufzufallen – was ihm gelang. Er war von den vieren derjenige mit der meisten Musikerfahrung, Singer-Songwriter aus LA im Bereich Folk und Country.

Die Mütze blieb und wurde in der Serie sein Markenzeichen, ähnlich wie Mickys Lockenkopf oder Davy Jones' britischer Akzent.

Aber was suchte man eigentlich? Die Beatles-Mania eskalierte komplett. Der Beatles-Film ‚A Hard Day's Night' war ein Riesenerfolg.
Bob Rafelson und Bert Schneider wollten das kopieren – mit einer Serie, die Musik mit Slapstick und seichten Geschichten verband.
Außerdem wollte man die volle Kontrolle behalten, daher durften die vier Jungs singen, aber im Studio spielte The Wrecking Crew alle Instrumente für sie ein.
Das führte direkt zu Spannungen: Tork und Nesmith sahen sich als Musiker, und schon während der ersten Staffel geriet man in Streit. Don Kirshner, Musikproduzent und „Music Supervisor" der Serie, wollte maximale Hitgarantie.

„Last Train to Clarksville" war die erste Single der Band und schlug sofort ein wie eine Bombe – ein Nummer-1-Hit. Die zweite Single, „I'm a Believer", folgte im November desselben Jahres und wurde mit über 7 Millionen verkauften Exemplaren ein Welterfolg. Im Folgejahr gelang mit „Daydream Believer" ein weiterer Nr.-1-Hit. Viele andere Lieder landeten regelmäßig in den Charts, und die TV-Serie wurde ein großer Erfolg.

Hinter den Kulissen brodelte es jedoch. Nesmith soll zu Kirshner gesagt haben, nachdem er wütend gegen eine Wand geschlagen hatte: „That could have been your face coming through the wall."
Die Monkees wollten mehr sein als die Idioten, die in der Serie alberne Abenteuer erlebten – sie wollten eine richtige Band werden.

Die zweite Staffel lief passabel, doch der Zeitgeist änderte sich, und die Spannungen trugen sicher dazu bei, dass die Serie eingestellt wurde.

Mit dem Ende der Serie fiel auch die wöchentliche Promotion weg. Die erste Single danach, „D. W. Washburn“, erreichte nur noch Platz 19, die nächste kam mit Platz 82 einem Flop gleich.
Ende 1968 verließ Peter Tork die Band. Er war unzufrieden mit dem ausbleibenden Erfolg, hatte in ein Tonstudio in Kalifornien investiert, das finanziell scheiterte, und kämpfte mit gesundheitlichen Problemen, unter anderem durch Drogenkonsum.

Die anderen drei machten weiter, doch auch Nesmith war nicht mehr glücklich. Er gründete seine eigene Band, zog sich immer mehr zurück und stieg 1970 komplett aus. Dolenz und Jones veröffentlichten 1971 als Duo das Album Changes, das jedoch floppte. Auch sie erkannten, dass ihre Zeit vorbei war.

Es folgten immer wieder Reunionen, meist mit wechselnder Besetzung. Dolenz war als einziger immer dabei; die anderen drei wechselten sich ab. Sie betonten in Interviews, dass sie nicht im Streit auseinandergegangen seien: „Wir sind wie Brüder – Brüder streiten sich mal, aber sie bleiben eine Familie.“
Nicht unerwähnt bleiben darf der Film ‚Head‘ der Monkees, der komplett anders als die TV-Serie war, aber kommerziell floppte.

In ihrer Hochphase waren die Monkees so erfolgreich, dass der kleine Musiker David Jones aus England

seinen Namen änderte, um nicht mit Davy Jones verwechselt zu werden – er nahm den Künstlernamen David Bowie an.
Noch etwas sollte man erwähnen, zu ihrer aktivsten Zeit hat die Band mehr Alben verkauft als Die Beatles und Rolling Stones zusammen. Nicht in Deutschland, hier waren sie immer eher eine Nischenband, aber in den USA. Hier waren sie Megastars.

Was wurde aus den Monkees?

Davy Jones starb 2012 überraschend an einem Herzinfarkt. Nach der Monkees-Zeit veröffentlichte er zwei Soloalben, die nicht sehr erfolgreich waren, hatte aber eine treue Fanbase. Er spielte viel Theater (Musical) und kleinere TV-Rollen.

Peter Tork spielte in mehreren Bands, war am Theater aktiv und engagierte sich sozial. Bekannt für seinen Humor, starb er 2019 im Alter von 77 Jahren an Krebs.

Michael Nesmith hatte den spannendsten Weg. Seine Mutter erfand Tipp-Ex, was ihm finanzielle Unabhängigkeit brachte. Seine First National Band veröffentlichte drei Alben und den kleinen Hit „Joanne“. Die Band gilt als Wegbereiter des Country-Rock. 1981 brachte er das Videoalbum Elephant Parts heraus, das mit einem Grammy ausgezeichnet wurde. MTV startete 1981, genau zu der Zeit, als Nesmith mit seinen Projekten die Musikvideo-Kultur vorantrieb. Viele seiner Ideen flossen in das Konzept von MTV ein, auch wenn er nicht direkt Mitbegründer war. Er zeigte, wie man Musik visuell inszenieren kann, lange bevor das Fernsehen das in großem Stil machte. Im November 2021 war er noch auf Abschiedstour mit den Monkees, die damals nur noch aus zwei Mitgliedern bestanden. Am 10. Dezember 2021 starb er an natürlichen Ursachen im Kreis seiner Familie.

Micky Dolenz veröffentlichte 1987 ein gleichnamiges Soloalbum, arbeitete in Film, Theater und als Moderator. Er ist 2025 noch aktiv und tritt gelegentlich mit Monkees-Klassikern auf. Auf dass er 100 Jahre und älter wird!

1.2 Menudo –Fließbandarbeit aus Lateinamerika

In meinem Versuch, Band-Biografien zu schreiben, stoße ich an meine Grenzen. Denn Menudo kann man nicht einfach so abhandeln wie andere Gruppen – dafür bräuchte man vermutlich ein eigenes Buch, wollte man den Werdegang dieser Band und all ihrer Mitglieder wirklich erfassen.

Gegründet wurde Menudo 1977 vom puerto-ricanischen Produzenten **Edgardo Díaz**. Die Idee war einfach – und für die damalige Zeit geradezu revolutionär: **Man erschafft keine Band, man erschafft eine Marke.**

Andere Gruppen hatten es vorgemacht – die Beatles, die Monkees, die Jackson 5 – es gab einen riesigen Markt für junge Männerbands. Doch das Problem war immer das Gleiche: Sobald die Mitglieder älter wurden, brach der Erfolg ein.

Die Band veränderte sich, löste sich auf oder versuchte sich neu zu erfinden – oft mit mäßigem Erfolg.

Díaz' Antwort darauf war radikal: Er schuf eine Band, die **nicht altern konnte**.

Bei Menudo bedeutete das: **Wer zu groß wurde, in den Stimmbruch kam oder ganz einfach 16 wurde, musste gehen.** Unabhängig von der Beliebtheit, unabhängig vom Erfolg. Die Band bestand immer aus fünf Jungs im Alter zwischen 12 und 16 – wer raus fiel, wurde ersetzt. Ein Fließbandprinzip.

Dieses Konzept wurde ab Mitte der 80er **etwas gelockert**, weil es zwar kommerziell funktionierte, aber menschlich und künstlerisch zunehmend problematisch wurde. Dennoch: Von **1977 bis 1997** hatten über **50 verschiedene Jungen** den Posten eines Menudo-Mitglieds inne. Es ist auch der Grund, warum ich hier keine komplette Biografie jedes Einzelnen liefern kann – das würde absolut den Rahmen sprengen.

Die frühe Zeit war dabei besonders hart:
Egal, wie beliebt jemand war – mit 16 war Schluss. Ehemalige Mitglieder berichten von psychischem Druck, von abruptem Karriereende und dem Gefühl, **austauschbar zu sein**.
Natürlich wussten sie, worauf sie sich einließen – ein Vertrag lag vor, das Alter stand fest. Aber wer mit zwölf in die Band kommt, für den wirkt die magische 16 **weit entfernt**. Kaum jemand denkt in dem Alter in solchen Zeiträumen.
Und trotz der enormen Popularität schafften es nur wenige, danach eine nachhaltige Karriere aufzubauen.
Besonders in der Anfangszeit wollte Díaz **die Kontrolle behalten**:
Konkurrenzprojekte ehemaliger Mitglieder wurden unterdrückt.

Sie durften nicht die Songs singen, für die sie berühmt geworden waren, nicht unter einem Bandnamen auftreten, der ihre Menudo-Vergangenheit erkennen ließ.
Trotz dieser harten Regeln war Menudo ein gigantischer Erfolg – vor allem in **Lateinamerika**. Merchandise, TV-Shows, Filme, Fanclubs – alles, was eine Marke ausmacht, wurde aufgebaut.

Der Erfolg schwappte auch in die USA über, ebenso nach Südamerika und Asien. **Europa? Fehlanzeige.** Wer kannte Menudo hier? Wer könnte heute einen Songtitel nennen? Die wenigsten, mich eingeschlossen.
Warum?
Das Management hatte **kein echtes Interesse an Europa**. Zu viele kleine Länder, zu viele Sprachen, zu kompliziert. Nur im spanischsprachigen Raum funktionierte das Modell. Zwar gab es englischsprachige Songs und Alben – aber in Europa war Anfang der 80er **Latin Pop noch kein Thema**.
Hier dominierten **Wham, A-ha, Modern Talking**. Eine Gruppe mit fünf singenden Kindern aus Puerto Rico wirkte zu exotisch, zu weit entfernt vom europäischen Popgeschmack.

Und Menudo war eben genau das:
Eine Boyband für ein junges Publikum. Keine Sexualisierung, kein kalkulierter Skandal, kein Bad-Boy-Image – sondern eher **kindliche Unschuld**, zumindest in der Außendarstellung.
Sie sollten angehimmelt werden, ja aber auf eine harmlose, fast brüderliche Art.
Wenn man das vergleicht mit den Boygroups der 2000er, die halbnackt auf Plakaten posierten, wird deutlich, wie anders das Konzept war.
Aber es war eben nur eine Fassade. Der glückliche Junge, der niedlich in die Kamera singt, der Fanpost beantwortet, Interviews gibt, die perfekte Zahnpasta-Lächeln-Inszenierung: **Menudo war knallhartes Geschäft**.
Wer ein Problem machte, wer nicht ablieferte, musste gehen. Es gab keine Künstler – es gab ein Produkt.

Und genau das macht Menudo unter all den Boybands einzigartig:
Das Image war wichtiger als der Mensch dahinter.

Dieses System entmenschlicht. Es erzeugt Druck. Jeder einzelne muss funktionieren – immer. Und wenn das alles gewesen wäre, könnte man sagen: so läuft eben das Popgeschäft. Aber bei Menudo reichen die Schattenseiten noch viel weiter.

Missbrauch statt Musik

Immer wieder ist von **sexuellem Missbrauch** die Rede – Vorwürfe, die sich wie ein dunkler Schatten über die Geschichte der Band legen.
Die Netflix-Serie Monsters: Der Fall von Erik und Lyle Menendez greift das Thema nur am Rande auf: José Menendez, Vater der Brüder, ist ein hohes Tier in der Musikbranche, mit Verbindungen zu Menudo. Später wird er von seinen Söhnen erschossen – sie werfen ihm jahrelangen Missbrauch vor.
Im Zuge der Serie meldete sich **Roy Rosselló**, ein ehemaliges Mitglied von Menudo, öffentlich zu Wort. Seine Aussage: **Díaz habe ihn bewusst zu Menendez geschickt**, wo er unter Drogen gesetzt und vergewaltigt worden sei.
Ein weiteres Bandmitglied erhob ähnliche Vorwürfe – **gegen Edgardo Díaz selbst**, den Gründer der Band. Die Rede ist von „pädagogischer Gewalt", von **psychischem und körperlichem Missbrauch**.
Es ist kein Einzelfall:
1991 verließen vier Mitglieder gleichzeitig die Band – ein kollektiver Bruch, der sprachlich nie offen als Rebellion bezeichnet wurde, aber kaum anders gelesen werden kann.

Auch **Angelo García**, der nur zwei Jahre bei Menudo war, berichtet heute von Missbrauch während seiner Zeit in der Band. Er verließ die Gruppe freiwillig, doch auch seine Erfahrungen zeichnen ein Bild von strukturellem Machtmissbrauch, Einschüchterung und Schweigen.

Ein weiterer großer Skandal erschütterte die Band 1990:
Die Mitglieder **Rubén Gómez (16)** und **Sergio Blass (18)** wurden am Flughafen von Miami mit **Marihuana erwischt**. Die Reaktion des Managements? Sofortiger Rauswurf – keine Diskussion, keine Rücksicht.
Bemerkenswert ist dabei: Zu diesem Zeitpunkt war das **strikte Altersprinzip bereits aufgeweicht**.
Die Band versuchte gerade, erwachsener und international anschlussfähiger zu wirken. Aber die Drogenaffäre passte nicht zum Bild der **braven, sauberen Jungs von nebenan**.
Das Image war ruiniert – und Menudo zeigte zum ersten Mal öffentlich Risse. Die perfekte Maschinerie knirschte.

Ein weiteres zentrales Problem bei Menudo war die **konsequent durchgezogene Rotation der Mitglieder**. Klar – damit blieb die Marke dauerhaft jung. Das Konzept funktionierte wirtschaftlich. Aber: **Es kostete die Band ihr Gesicht.**
Denn durch diese ständige Ersetzung verlor Menudo etwas, das für jede erfolgreiche Boyband essenziell ist: **Profil**.
Junge Sänger kamen und gingen – und mit ihnen verschwand auch jegliche Kontinuität. Es waren nicht

mehr die, **die einen Song zu einem Hit gemacht hatten**, die ihn auf der nächsten Tour sangen, sondern völlig neue Gesichter.
Stell dir vor, ein x-beliebiger Typ würde heute „I Want It That Way“ von den **Backstreet Boys** singen – im offiziellen Rahmen, unter demselben Bandnamen. Oder „Back for Good“ von **Take That** – aber ohne Gary Barlow.
Es wäre nicht dasselbe.
Die Verbindung von **Song, Stimme und Persönlichkeit** ist das, was einen Hit emotional auflädt – und genau das fehlte bei Menudo.
Natürlich bekam jede neue Generation auch eigene Songs. Aber viele Lieder wurden einfach **wiederverwertet** – sie existieren in **mehreren Versionen**, teils mit neuen Stimmen, neuen Gesichtern, aber **demselben Titel**.
Oft sogar **neu eingesungen im Studio**, nur damit das Branding „Menudo“ funktioniert.
Das ist keine kreative Evolution – das ist **Reproduktion aus Zwang**.
Ein Hit wie „Súbete a mi moto“ musste einfach immer verfügbar sein – weil er zu Menudo gehörte, nicht zu einem bestimmten Sänger.
Aber genau das macht es **kalt, mechanisch, austauschbar**.
Menudo war nie eine Gruppe von Freunden, nie eine gewachsene Einheit. Es war ein **laufendes Casting**, ein System, das mehr an **Sportvereine oder Reihenausbildung** erinnert als an Popkultur.

Das Ergebnis: Die Marke blieb jung, aber sie blieb auch **leblos** – und spätestens als andere Boybands kamen, die das Persönliche und Unverwechselbare

feierten, wirkte Menudo wie ein Relikt aus der Retorte.
Und natürlich merkte man es, als 1997 die große Welle der Boybands kam: **Menudo war am Ende**.
Während Backstreet Boys, NSYNC und Five weltweit Millionen verkauften, war von Menudo nicht mehr viel übrig. Und doch – allein die Tatsache, dass diese Band **20 Jahre lang am Leben gehalten wurde**, ist eine beachtliche Leistung.

Was folgte, war der Versuch, sich neu zu erfinden: Menudo bekam ein Rebranding und wurde zu **MDO**. Das Ziel: **ein älteres Publikum ansprechen**, erwachsener wirken, moderner klingen.
Diese Phase dauerte bis 2002. Danach folgten kleinere **Reunion-Projekte** bis etwa 2004 – mit wechselnder Besetzung ehemaliger Mitglieder, aber ohne größeren medialen Nachhall.
Im Zuge des TV-Casting-Booms versuchte man **2007 bis 2009** ein Comeback über ein **MTV-Projekt**, in dem eine neue Menudo-Band zusammengestellt wurde. Der Erfolg blieb überschaubar – zu viel Konkurrenz, zu wenig Substanz.
Zwischen **2010 und 2022** gab es dann verschiedene **Nostalgietouren**, oft unter Namen wie El Reencuentro oder Menudo: La Historia.
Wenn Menudo eines im Überfluss hatte, dann war es **ehemalige Mitglieder** – und das nutzte man.

Seit **2023** versucht man nun erneut, eine moderne, social-media-taugliche Version von Menudo für **Gen Z** zu etablieren. Eine Boyband der neuen Zeit – tanzend auf TikTok, stylisch auf Instagram.
Doch bisher bleibt der ganz große Durchbruch aus.

Ein paar der prägendsten Gesichter von Menudo:
Ricky Martin (1984–1989)
Das mit Abstand berühmteste Ex-Mitglied. Wurde später zum Weltstar („Livin' la Vida Loca“) und queerer Ikone. Bei Menudo war er das charmante Baby Face – und der Fan-Liebling einer ganzen Generation.

Robi Draco Rosa (1984–1987)
Erfolgreicher Rockmusiker und Produzent. Schrieb viele Hits für Ricky Martin, darunter „Livin' la Vida Loca“. Später ein tiefgründiger, alternativer Künstler – und künstlerisch das krasse Gegenstück zu Menudo.

Johnny Lozada (1980–1984)
Der sympathische „Schwiegersohn-Typ“. Später Moderator und Schauspieler in Lateinamerika. Sehr beliebtes Mitglied in der goldenen Ära, nahm 1998 an der El Reencuentro-Tour teil.

Ray Reyes (1983–1985)
Der gefühlvolle Sänger. Wurde später Mitorganisator von El Reencuentro. Starb 2021 überraschend an einem Herzinfarkt.

René Farrait (1979–1982)
Einer der ersten echten Stars der Band. Galt als der „Schönste“ und war in den frühen 80ern ein riesiger Teenie-Liebling. Ebenfalls Teil der großen Reunion-Projekte.

Roy Rosselló (1983–1986)
Heute vor allem bekannt für seine mutigen Aussagen über sexuellen Missbrauch – insbesondere im

Zusammenhang mit José Menendez. Weniger musikalisch prägend, aber umso bedeutender für das heutige Verständnis der Menudo-Geschichte.

Angelo García (1988–1990)
Verließ die Band freiwillig. Später Coming-out als schwul und öffentliche Aussagen über Missbrauch während seiner Zeit bei Menudo. Heute engagiert für Kinderschutz und Aufklärung.

2. New Kids/New Time – Der Hype der 80er

In den 80ern gab es eine ganze Reihe von Gruppen, die auf den ersten Blick an Boybands erinnern – doch bei genauerem Hinsehen waren sie es nicht.
A-ha etwa hatte mit Morten Harket einen charismatischen Frontmann, Bros bestand aus einem Zwillingspaar und einem Schulfreund. Wham! war ein Duo, das zum Hitlieferanten wurde und bis heute jeden Dezember mit „Last Christmas" präsent ist. Kajagoogoo waren „Too shy shy", aber stürmten trotzdem die Hitparaden.
All diese Acts hatten eines gemeinsam: junge Männer, seichte Popmusik, weibliche Fans, die bei Konzerten Ohnmachtsanfälle simulierten und ausgiebig kreischten.
Aber echte **Boybands**? Nein, waren sie nicht. Denn sie waren **echte Bands** – gewachsen, nicht konstruiert. Keine Choreos, keine klaren Rollenbilder, kein gezielter Jugendmarkt-Fahrplan vom Plattenlabel.

Ganz anders sah es bei der Band aus, die 1984 auf Initiative von Produzent **Maurice Starr** entstand. Der hatte zuvor schon mit New Edition Erfolge gefeiert, wollte aber ein weißes Gegenstück erschaffen – ganz gezielt für den Massenmarkt. Die Idee war klar: **Idole für junge Teenager**, gecastet, formatiert, vermarktbar. Talentscouts fanden **Donnie Wahlberg**, damals 14 Jahre alt, mit Rap- und Breakdance-Erfahrung. Dazu kam sein Freund **Danny Wood**, später die Brüder **Jonathan und Jordan Knight**, ebenfalls aus der

Gegend. Der letzte im Bunde wurde 1985 der jüngste: **Joey McIntyre**.
Und auch wenn sich ein Großteil der Gruppe schon kannte – was man nun mit ihnen tat, war neu: Sie bekamen **Rollen**, sie lernten **Choreografien**, sie wurden für die Bühne und für das Poster im Kinderzimmer erschaffen
Mit New Kids on the Block hatte das Boyband-Prinzip zum ersten Mal seine **moderne Form** gefunden: Tanzbar, austauschbar, jugendfreundlich und komplett steuerbar.

Eine zweite Gruppe, die oft vergessen wird, obwohl sie später enormen Einfluss hatte, entstand 1988: **Boyz II Men**. Auch sie bestanden aus vier jungen Männern, auch sie sangen gefühlvollen Pop – allerdings mit R'n'B-Wurzeln und echtem Soulhintergrund. Die Band wurde nicht zusammengecastet, sondern hatte sich selbst gegründet und brachte eine ganz eigene Tonalität in das Boyband-Thema.
Sie sahen sich selbst als eine Boygroup aber so ganz passten sie nicht, zumindest wenn man Boygroups so definiert wie ich es hier mache: gecastet, in Rollen festgelegt für ein Mainstream Teenagerpublikum. Ihr Durchbruch kam allerdings erst in den frühen 90ern – als die New Kids ihre Karriere schon wieder unterbrachen. Dennoch: Ohne Boyz II Men hätte es spätere Acts wie All-4-One oder auch NSYNCs Balladenseite wohl nicht gegeben.

2.1 New Edition – Maurice Starr, die frühe Perlman-Version, erschafft etwas Neues…

1978 formten sich die Freunde **Bobby Brown, Michael Bivins und Ricky Bell**, später kamen **Ralph Tresvant** und **Ronnie DeVoe** dazu. Gemeinsam nannten sie sich **New Edition** – eine neue Ausgabe der **Jackson 5**, wie der Name schon andeutet.
Die Jacksons waren zwar noch aktiv, aber ihr Zenit längst überschritten. New Edition wollten ihre Nachfolge antreten: **fünf schwarze Jungs, die als Gruppe Musik machten – nur ohne einen übermächtigen Vater im Hintergrund**.

Sie traten lokal auf, hatten kleinere Gigs, aber der große Durchbruch blieb aus – bis **Maurice Starr** 1982 eine Talentshow in **Boston** veranstaltete, bei der sie auftraten. Starr erkannte sofort das Potenzial. Er selbst hatte 1980 ein Soloalbum veröffentlicht – **„Flaming Starr“** – das floppte. Statt selbst auf der Bühne zu stehen, wechselte er die Seiten: Er gründete ein kleines Label und wollte nun **als Produzent durchstarten**. Mit New Edition hatte er den passenden Rohdiamanten gefunden.
Was **Joseph Jackson** für die Jackson 5 war, wurde **Starr** für New Edition – nur ohne familiäre Bindung, aber mit ähnlichem Kontrollanspruch.
Zwar hatte er **nur ein Minilabel** und ein begrenztes Budget, doch Starr war clever. Er positionierte New Edition als **moderne Teenstars mit eingängigen Liedern, synchronen Moves und klarer Rollenverteilung**.

Eine Blaupause der späteren Boyband-Formel. Der Song **„Candy Girl"**, von Starr selbst geschrieben, komponiert und produziert, war ein offensichtlicher Jackson-5-Klon – aber genau richtig für die Zielgruppe: **Teenagerinnen**.

Und es funktionierte. **1983 erreichte „Candy Girl" Platz 1 der R&B-Charts**, noch vor **Michael Jacksons „Billie Jean"** – ein Statement.
Starr hatte das perfekte Timing: Michael Jackson war längst solo, die Jacksons waren erwachsen, die Lücke war da – und Maurice Starr nutzte sie. Er traf den Nerv der Zeit mit einem frischen Image, synchronen Choreos und einem Sound, der alt genug klang, um vertraut zu sein, und neu genug, um zu begeistern.
Das erste Album wurde ein Achtungserfolg, die Single **„Candy Girl"** ein Nummer-1-Hit in Großbritannien. Und nach der ersten Tour kam der Scheck, der alles veränderte. Die Summe: 1,87. Klingt nach Millionen? Vielleicht 1,87 Millionen Dollar – für ein Hit-Album, volle Hallen, eine ausverkaufte Tour? Schön wär's – es waren 1 Dollar und 87 Cent. Pro Person.
Immerhin: Starr war großzügig genug, jedem einen eigenen Scheck auszustellen. Man will ja nicht geizig wirken.

Der Produzent hatte vom Gewinn alles abgezogen: Tourkosten, Reisekosten, Kleidung, Studio – der Vertrag war ein Paradebeispiel künstlerunfreundlicher Konstruktion. Man fragt sich, was Starr sich dabei gedacht hat. Wollte er demonstrieren, wie viel er investiert hatte? Sah er sich als eigentlichen Star von

New Edition? Vielleicht beides. Eine abschließende Antwort kann nur er selbst geben.
Die Band hielt es zunächst für einen Witz. Als klar wurde, dass es bitterer Ernst war, rebellierten sie – verständlicherweise. Starr wurde rausgeworfen.

Nach dem beachtlichen Debüt fanden New Edition mit **MCA Records** ein echtes Label. Aus Starrs **Boyband-Bastelprojekt** wurde eine professionelle Popgruppe.
Maurice Starr behandeln wir in der nächsten Biografie ausführlicher – denn er erschuf eine **weiße New-Edition-Version**: die **New Kids on the Block**. Auch mit ihnen überwarf er sich später. Zwar versuchte er nach den New Kids noch ein paar weitere Bands aufzubauen, doch diese floppten. Starr zog sich zurück und lebte fortan von seinen Tantiemen. Man kann sagen: **Er war eine Vorversion von Lou Pearlman** – weniger skandalträchtig, aber in Sachen Gier offenbar ebenbürtig. Erschreckend nur, wie oft solche Figuren in der Branche keine Ausnahmen, sondern der Standard waren.

Doch zurück zu **New Edition**: neues Label, neues Album – schlicht betitelt mit ihrem Bandnamen, erschien es **1984** und markierte ihren kommerziellen Durchbruch (**Platz 6 in den Billboard-Charts**). 1985 folgte das nächste Album, doch die internen Spannungen nahmen zu. **Bobby Brown** wurde schließlich **aus der Band geworfen**.
1986 erschien ein weniger erfolgreiches Coveralbum mit Doo-Wop-Klassikern. Doch mit dem fünften Album, **„Heart Break“** (1988), landeten sie wieder

einen Hit – und einen Wandel: Mit wachsendem Bankkonto wuchsen auch die Egos.
Bobby Brown war längst nicht mehr dabei, aber präsenter denn je: **Seine Solokarriere explodierte**, und er musste seine Einnahmen nicht mehr teilen. Daher reifte bei den Mitgliedern der Gedanke, sich auch unabhängig von der Gruppe zu etablieren.
MCA spielte das Spiel mit: Statt die Gruppe zusammenzuhalten, förderte das Label gezielt Einzelkarrieren – mehr Releases, mehr Kontrolle, mehr Umsatz. Für New Edition war das im Grunde das Ende.

1996 kam es zur **Reunion** – inklusive Bobby Brown. Das Album erreichte **Platinstatus**, doch die Tour geriet zum Fiasko: **Backstage soll es zu Handgreiflichkeiten gekommen sein**, Brown wurde erneut ausgeschlossen.
In den 2000ern gab es **gelegentliche Comebacks**, meist ohne Bobby. 2017 folgte eine erfolgreiche **Miniserie über die Band**, die neue Aufmerksamkeit brachte.

Man kann sagen: **Nach dem fünften Album war New Edition keine echte Band mehr**, sondern ein **Netzwerk von Solokünstlern**, die gelegentlich gemeinsam auftraten. Doch ihr Einfluss bleibt.
Sie waren Wegbereiter, Blaupause und Sprungbrett zugleich – das Fundament, auf dem die Boyband-Geschichte gebaut wurde.

Werfen wir zum Schluss einen Blick auf die Mitglieder:

Bobby Brown – Die schillerndste Figur der Band. Ein Rebell, der Liveauftritte störte, mehr Soloparts wollte und schließlich vor die Tür gesetzt wurde. Sein erstes Soloalbum lief nur mäßig, aber mit dem zweiten, Don't Be Cruel (1988), kam der Knall.
My Prerogative kletterte an die Spitze der Charts, das Album wurde mit Platin ausgezeichnet.
1992 heiratete er **Whitney Houston** – und zog sie mit in den Abgrund: Drogen, häusliche Gewalt, toxische Dynamiken, und das alles unter den Augen der medialen Öffentlichkeit. Auch seine Tochter **Bobbi Kristina** entkam diesem Lebensstil nicht und starb 2015 mit nur 22 Jahren – drei Jahre nach dem tragischen Tod ihrer Mutter.
Bobbys Alben floppten später, und 2005 kam die Realityshow Being Bobby Brown, in der er sich quasi selbst zerlegte.
Er war mehr als nur „der Ehemann von Whitney" – ein Pionier des **New Jack Swing**, ein popkulturelles Phänomen, aber auch ein Symbol für den Preis des Ruhms.
Einer dieser Stars, bei denen man nicht weiß, ob man zuerst tanzen oder den Kopf schütteln soll.

Michael Bivins – Michael war eher der stille Part bei New Edition – schon früh mehr Strippenzieher als Rampenlichtsuchender.
Nach dem Bruch der Gruppe gründete er mit Bell und DeVoe die Band **Bell Biv DeVoe (BBD)** – eine härtere, clubtaugliche Version von New Edition.
Seine wahre Stärke zeigte sich aber im Hintergrund:

Als **Entdecker von Boyz II Men**, denen er zufällig auf einem Konzert begegnete und die er mit nach oben brachte.
Michael Bivins war nie der beste Sänger, nie das größte Sexsymbol – **aber vielleicht der cleverste Kopf von New Edition.**

Ricky Bell – Ursprünglich als Leadsänger der Band vorgesehen, doch diesen Platz übernahm Ralph Tresvant. Bei **Bell Biv DeVoe** wurde Ricky schließlich der Frontmann – mit Songs wie Poison.
In den 90ern kämpfte er still mit einer schweren Drogenabhängigkeit, die ihn fast das Leben kostete. Kein Skandal, kein Drama – nur Rückzug, Reha, Rückkehr.
Er wurde nicht zum Star, aber auch nicht zum Absturz-Symbol. Er hatte seine Krise – ganz ohne Boulevard – und überwand sie.
In der Welt der Boybands, in der viele laut fallen, ist Ricky Bell der Beweis, dass man auch leise weitermachen kann.

Ralph Tresvant – Die Stimme von New Edition – aber nie mehr. Michael war der Geschäftsmann, Bobby der Rebell, aber Ralph? Ihm fehlte das Profil. Sein Soloalbum Ralph Tresvant (1990) hatte mit Sensitivity einen Achtungserfolg, verpuffte aber schnell.
Er war das musikalische Zentrum von New Edition – **aber nie der mediale Mittelpunkt**.
Er konnte singen, tanzen, charmant sein – aber nie laut genug, um in Erinnerung zu bleiben wie Bobby oder Bivins.

Er war zu perfekt für den Ruhm – und genau deshalb wurde er übersehen.

Ronnie DeVoe – Der Letzte, der zur Band stieß – aber noch vor dem ersten Plattenvertrag mit Maurice Starr. In den frühen Jahren war er der typische „Dritte von links“: keine Gesangsparts, aber immer präsent.
Erst mit **Bell Biv DeVoe** fand er seine Rolle: Rapper, Performer, Style-Maschine.
Ronnie war nie die Stimme, nie der Skandal, nie das Zentrum – aber er war immer da, mit Sonnenbrille, Bewegungsgefühl und Haltung.
Manchmal reicht das – vor allem in einer Boyband, wo nicht jeder singen muss, solange einer weiß, wo die Kamera steht. Und das wusste Ronnie. Immer.

Johnny Gill – Als Bobby die Band verließ, kam 1987 Johnny Gill als Ersatz. Kein Teenager – sondern ein erwachsener R&B-Sänger, der plötzlich in einer Boyband stand.
Er hatte bereits zwei Soloalben veröffentlicht – ohne großen Erfolg. Aber **die Stimme war da** – und die Plattenfirma wusste das.
Mit ihm kam das **Upgrade**, das New Edition nach dem Bobby-Schock brauchte.
Doch er war eben nie einer „von den Jungs“. Kein Teil des alten Freundeskreises – sondern der Neue.
Heart Break (1988), das Album mit ihm, wurde ein Meilenstein – ohne seine Stimme wäre es nie so stark geworden.
Johnny blieb der Band verbunden, war bei fast allen Reunions dabei.
Er war nicht falsch – nur vielleicht zu gut. Zu alt, zu

reif, zu stimmgewaltig, um noch als Boyband-Mitglied durchzugehen.

New Edition war wohl die erste Boyband des US-Markts. Doch durch ihre Trennung von Maurice Starr baute dieser kurzerhand die New Kids on the Block auf – eine weiße Version des gleichen Prinzips. Das Verhältnis zwischen beiden Gruppen blieb stets angespannt. Für New Edition war es ein kultureller Affront: „Er kopiert uns in weiß – und macht damit Millionen." Besonders Michael Bivins betonte in Interviews immer wieder, dass sie als schwarze Band nie dieselben Chancen bekamen wie ihre blassen Nachfolger. Die Karrieren der beiden Gruppen überschnitten sich nur kurz – New Kids starteten gerade durch, als New Edition sich neu sortierte. Aber ja: So traurig und dämlich es ist – wäre New Edition weiß gewesen, ihr Erfolg wäre vermutlich noch größer geworden.

2.2 New Kids on the Block – Die Boyband-Blaupause

Die New Kids waren nicht die erste Boyband – aber die erste, die so funktionierte, wie wir heute eine Boyband verstehen.
Maurice Starr hatte zuvor eine schwarze R'n'B-Gruppe aufgebaut: **New Edition** – ebenfalls ein Voräufer des Boyband-Prinzips.
Doch er verlor die Kontrolle über die Band, sammelte dabei jedoch wertvolle Erfahrungen. Und er erkannte: Mit weißen Jungs würde sich das Konzept noch besser verkaufen.
1984 begann er, nach den passenden Kandidaten zu suchen – und fand **Donnie Wahlberg**, der mit Breakdance beeindruckte. Donnie brachte seinen Kumpel **Danny Wood** mit. Aus der gleichen Gegend kamen auch die Brüder **Jordan** und **Jonathan Knight**. Ergänzt wurde die Gruppe durch **Jamie Kelly** – und damit war die erste Version der Band komplett.
Ihr Name: **Nynuk**.

Doch es passte nicht. Weder die Plattenfirma noch Maurice Starr waren überzeugt. Starr fand, dass Kelly zu wenig Ausstrahlung hatte – er wurde kurzerhand ersetzt. An seine Stelle trat der zwölfjährige **Joey McIntyre**. Das niedliche Nesthäkchen erschloss direkt eine noch jüngere Zielgruppe – und machte klar: In einer Boyband geht es nicht um Stimmen, sondern um Vermarktbarkeit.

Von Jamie Kelly hörte man danach nichts mehr. Keine Interviews, keine Solokarriere, kein Wiedersehen in

Talkshows. Eine Fußnote der Boyband-Geschichte – ein Kieselstein in der Lawine, die noch kommen sollte.
Ein kleiner Funfact am Rande: Neben Jamie Kelly gab es noch ein weiteres entferntes Mitglied – **Mark Wahlberg**, der jüngere Bruder von Donnie. Auch er war kurzzeitig Teil von Nynuk, trat ein paar Mal mit ihnen auf.
Vermutlich kickte bei ihm gerade die Pubertät hart: Er war unzuverlässig, machte Ärger und fand das glatte Boyband-Image nicht passend für sich. Je nach Quelle verließ er die Gruppe freiwillig – oder wurde rausgeworfen.
Für ihn war es letztlich ein Glücksfall: Er startete als **Marky Mark** eine Rapkarriere, wurde **Calvin-Klein-Unterwäschemodel** – und später ein erfolgreicher Schauspieler.
Ein Gegenentwurf zur braven Boyband – muskulös, oberkörperfrei, rebellisch.

Mit McIntyre war das Line-up komplett, und auch der Name wurde überdacht. Da man mit Nynuk unzufrieden war, wählte man den neuen Bandnamen nach einem ihrer Songs: **New Kids on the Block**.

1986 erschien das erste Album – New Kids on the Block – samt der Single Be My Girl.
Der große Durchbruch? Fehlanzeige. Das Album floppte kommerziell. Auch die nächsten Singles blieben unter den Erwartungen. Die Band tingelte durch Highschools, Supermärkte und Stadtfeste – Hauptsache, irgendjemand nahm Notiz von ihnen.
Doch die Plattenfirma glaubte weiterhin an sie. **1988** erschien das zweite Album: Hangin' Tough.

Man hatte dazugelernt. Beim Debüt hatte Starr versucht, Black Music mit weißen Gesichtern für ein weißes Publikum zu verkaufen. Nun schärfte man das Image. Die Jungs bekamen feste Rollen:
der Schüchterne, der Sportliche, der Niedliche – das volle Boyband-Repertoire. Musikalisch ging es mehr in Richtung **Bubblegum-Pop**, massentauglich, eingängig.

Zunächst blieb auch hier der Erfolg aus – aber in Florida liefen sie gut. So gut, dass **MTV** auf sie aufmerksam wurde. Ihre Videos bekamen Sendezeit, und plötzlich kannte sie das ganze Land.
Please Don't Go Girl erreichte Platz 10 der Billboard-Charts – und war erst der Anfang:

- You Got It (The Right Stuff) landete auf Platz 3
- I'll Be Loving You (Forever) und Hangin' Tough erreichten Platz 1
- Cover Girl schaffte es auf Platz 2

Fünf Singles in den Top 10 – aus dem Flopprojekt waren Superstars geworden.

1990 folgte das dritte Album: Step by Step.
Die gleichnamige Single wurde erneut ein Nummereins-Hit – auch in Deutschland schaffte sie es bis auf Platz 2. Tonight war weniger erfolgreich, aber ein musikalisch reiferes Stück – für viele Fans eines der besten Lieder der Band.
Die New Kids waren ganz oben angekommen. Um es konkret auszudrücken: Sie waren Anfang der 90er die erfolgreichste Band der Welt. Hinter ihnen: Maurice Starr, der jeden Schritt kontrollierte. Das war Teil

ihres Erfolgs – aber auch der Anfang vom Ende. Die Band wollte mehr Mitspracherecht.
Trotz Millionenumsätzen fühlten sich die Mitglieder finanziell schlecht gestellt. Sie trennten sich von Starr – ein Befreiungsschlag.

1994 erschien das vierte Album: Face the Music, nun bei Columbia Records. Doch der große Erfolg blieb aus. Das Album floppte, und die Band löste sich – fast unbemerkt – auf.

Es folgten **15 Jahre Pause**, bis **2008** die große Reunion kam – in Originalbesetzung.
Mit einem neuen Album (The Block), einer Welttournee und überraschendem Erfolg. Heute touren sie regelmäßig, teils gemeinsam mit **Backstreet Boys**, **Boyz II Men** oder **98 Degrees** – und verkaufen ein Lebensgefühl an ein 40+ Publikum, das seine Jugend noch einmal aufleben lassen will.

Ein Blick auf die Mitglieder

Donnie Wahlberg – Er schaffte es, sich nach dem Ende von NKOTB neu zu erfinden. Bis heute ist er ein erfolgreicher Schauspieler: In drei Saw-Filmen spielte er mit, war in The Sixth Sense zu sehen und steht seit über zehn Jahren als Ermittler an der Seite von Tom Selleck in der Serie Blue Bloods vor der Kamera. Auch Reality-Erfahrung sammelte er in der Serie Wahlburgers, in der er gemeinsam mit seinen Brüdern Mark und Paul auftritt – die drei betreiben zusammen ein Fast-Food-Imperium. Donnie blieb auch Teil von NKOTB und war am Projekt **NKOTBSB** beteiligt, das eine Kooperation mit den

Backstreet Boys darstellte. Seit 2014 ist er skandalfrei mit Moderatorin und Playboy-Model Jenny McCarthy verheiratet.

Danny Wood – Nach den New Kids trat er unter dem Namen D-Fuse auf, blieb aber weitgehend erfolglos. Auch seine Soloalben aus den 2000er-Jahren fanden kaum Beachtung. Besonders hervorzuheben ist jedoch sein Projekt **Remember Betty**, das seiner Mutter gewidmet ist, die an Brustkrebs starb. Hier sammelt er Geld und unterstützt betroffene Familien. Er war verheiratet, hat drei Kinder und lebt heute eher zurückgezogen – ist aber derjenige, der innerhalb der Band am meisten **Fanpflege** betreibt.

Jordan Knight – Der Posterboy der Band versuchte sich ebenfalls als Solokünstler. Mit seinem ersten Album schaffte er es in den US-Charts auf Platz 10, doch keine der Singles wurde ein wirklicher Hit. Weitere Veröffentlichungen blieben ebenfalls unter dem Radar. Bei American Juniors, der Kindervariante von American Idol, saß er zeitweise in der Jury. 2011 ging er mit Nick Carter auf gemeinsame Tour unter dem Titel Nick & Knight. Jordan ist verheiratet, hat zwei Kinder und spricht offen über seine Alkoholprobleme. Bei Auftritten bedient er – mit einem Augenzwinkern – noch immer das Image des ewigen Teenie-Schwarms.

Jonathan Knight – Der ältere der beiden Knight-Brüder sagte später über sich, er sei **nicht dafür gemacht**, ein Star zu sein. Schon zu Zeiten von NKOTB litt er unter Angststörungen. Nach der Trennung der Band zog er sich völlig aus der Öffentlichkeit zurück,

arbeitete in der Immobilienbranche und lebte auf dem Land in Massachusetts. Seine Sexualität war lange Gegenstand von Spekulationen – wie bei vielen Boyband-Mitgliedern der 90er war ein Coming-out schlicht undenkbar.
2011 machte Jonathan es schließlich öffentlich und bestätigte, dass er schwul ist. Seit 2022 ist er mit seinem langjährigen Partner **Harley Rodriguez** verheiratet. In Interviews spricht er offen darüber, wie schwer der Weg zu sich selbst war. Heute moderiert er die HGTV-Serie Farmhouse Fixer, in der er alte Bauernhäuser restauriert. Bei Bandauftritten bleibt er eher im Hintergrund – weniger Gesang, weniger Tanz, aber immer präsent. Vielleicht ist es genau diese Zurückhaltung, die ihn für viele bis heute interessant macht.

Joey McIntyre – Er glaubte an sich und finanzierte 1999 sein erstes Soloalbum selbst – mit Kreditkarte und Durchhaltewillen. Der Titelsong Stay the Same wurde ein Top-10-Hit in den USA, woraufhin Columbia Records ihn unter Vertrag nahm, das Album neu auflegte und vergoldete.
Weitere Alben folgten. Zwar kein Mainstream-Star mehr, aber jemand mit einer treuen Fanbase, der konsequent seinen Weg ging. Joey war auch in Serien wie Boston Public, Psych und Fuller House zu sehen – und stand auf dem Broadway in Wicked, Waitress und anderen Stücken. Seit 2003 ist er verheiratet, hat drei Kinder und machte 2015 öffentlich, dass sein Sohn einen Hörverlust hat – seither engagiert er sich auch in diesem Bereich. Keine Skandale, kein Absturz – einfach jemand, der durchhält.

Fazit

Die New Kids sind für mich 90er pur. Wenn man Bilder von ihnen sieht – diese Frisuren, diese Outfits! – dann ist man sofort in dieser Zeit.
Mit der Musik konnte ich persönlich nie viel anfangen. Tonight ist schön, aber Hangin' Tough oder Step by Step holten mich nie wirklich ab. Dennoch: Sie sind ein absolut **wichtiger Meilenstein** der Popgeschichte. Lou Pearlman hat genau beobachtet, wie NKOTB funktionierten – besonders die **klare Rollenverteilung** – und dieses Prinzip dann bei seinen eigenen Bands perfektioniert.
Ohne sie gäbe es viele andere Boybands wohl nie in dieser Form.
New Kids on the Block gelten oft als die erste echte Boyband – vielleicht, weil sie gecastet wurden und dem späteren Baukastenprinzip perfekt entsprachen. Doch wenn man ehrlich ist, waren es New Edition, die den Prototyp lieferten: Selbst gegründet, selbst gewachsen, selbst unterschätzt.
Dass man ihnen diesen Status bis heute abspricht, ist vielleicht das deutlichste Zeichen weißer Poparroganz.

2.3 Boyz II Men – Was Boybands hätten sein können

Ich war nie großer Fan der Band und habe sie auch nie als klassische Boyband gesehen – aus einem ganz einfachen Grund: Meine Boyband-Sozialisation setzte mit Lou Pearlman ein, und damit mit seiner ganz eigenen Vorstellung dieser Art von Musik.

Boyz II Men sind das komplette Gegenteil. In Perlmans Version ist maximal ein Latino oder „exotischer Typ“ erlaubt, der Rest ist weiß, glatt, posterfreundlich.
Boyz II Men hingegen: kein einziges weißes Mitglied, keine Choreografie, kein Posterboy – dafür echte Stimmen und Musiker, die mehr waren als bloß Herzensbrecher.
New Kids on the Block waren die Schablone, aus der später massenhaft kommerzielle Boybands hervorgingen. Boyz II Men hingegen zeigen, was hätte entstehen können, wenn sich nicht das Perlman-Modell durchgesetzt hätte.

Aber um nicht vorzugreifen, schauen wir zunächst auf die Anfänge: Denn nach meiner eigenen Definition passen Boyz II Men eigentlich gar nicht ins klassische Boyband-Raster. Hier gab es kein Casting, keinen Baukasten, aus dem man den Wilden, den Schüchternen, den Süßen zusammensetzte.

Stattdessen: eine Freundesgruppe aus Philadelphia, die unter dem Namen **Unique Attraction** auftrat –

entstanden an der Philadelphia High School for the Creative and Performing Arts.

Der Wendepunkt kam 1989. Beim Konzert ihrer großen Vorbilder **New Edition** schlichen sie Backstage und sangen spontan für **Michael Bivins**, ein Mitglied der Band. Der war so beeindruckt, dass er ihr Management übernahm, ihnen ihren späteren Namen gab – Boyz II Men, eine Anspielung auf ein Lied von New Edition – und sie unter seine Fittiche nahm.

Werfen wir einen Blick auf die vier Jungs, die zu Männern wurden:
Nathan Morris war der Mitgründer der Band und von Anfang an der Strippenzieher im Hintergrund. Kein Frontmann, aber der ruhige Geschäftsmann – ohne ihn gäbe es die Band vermutlich nicht.

Wanya Morris war sein Gegenpol: charismatisch, mit ikonischer Stimme und großer Bühnenpräsenz. Wenn die Band einen Hauptcharakter hatte, dann war er es. Ein kleiner Skandal begleitete seine Beziehung zur damals minderjährigen Sängerin **Brandy**, die jedoch ohne größere Konsequenzen blieb.

Shawn Stockman war das musikalische Multitalent der Gruppe – in der Dynamik das Gegenstück zu Wanya: Während Wanya das lodernde Feuer war, war Shawn die stille Glut darunter.

Michael McCary schließlich war der tiefe Bass, dessen Stimme der Band einen unverwechselbaren Klang verlieh. 2003 stieg er aus – offiziell aus gesundheitlichen Gründen. Später wurde öffentlich, dass er an Multipler Sklerose leidet. Aber es gab auch Spannungen: McCary fühlte sich nicht ausreichend unterstützt, wurde bei Entscheidungen übergangen – ein Bruch, der die Band deutlich veränderte.

Boyz II Men hatten ihre große Zeit in den frühen 90ern. Doch mit dem Aufstieg des neuen Teen-Pop – jüngere, frechere Bands mit eingängigen Songs und durchchoreografierten Auftritten – veränderte sich der Markt. Die neuen Boybands waren „griffiger“ für ein jüngeres Publikum. Zudem kam es 1997 zum Bruch mit ihrem Label Motown. Zwar gab es noch einen Hit danach, doch das Album blieb hinter den Erwartungen zurück. Als dann auch noch McCary die Band verließ, wurde die Vermarktung noch schwieriger.

Für mich persönlich war Boyz II Men nie sonderlich spannend – R'n'B war einfach nicht mein Genre. Aber ich erkenne ihren Stellenwert an. Für mich sind sie kein typisches Beispiel einer Boyband – sondern ein Gegenmodell. Sie zeigen, dass es auch anders gegangen wäre: musikalischer, selbstbestimmter, reifer.

Und heute?

Boyz II Men sind immer noch aktiv – mit rund 80 Shows im Jahr, einer treuen Fanbase und regelmäßigen Auftritten in Las Vegas. 2024 kam es überraschend zu einer kleinen Reunion mit **Michael McCary**, der eine Rückkehr zur Band nicht ausschloss. Auch Shawn Stockman stellte in einem Interview klar: „Wir sind keine Feinde. Wir sind wie Brüder. Und Brüder streiten sich – aber sie bleiben Familie.“

3. Die 90er – Vom Achtungserfolg zum Mainstream

Die New Kids machten es vor: Es gab einen Markt. Einen gewaltigen Markt.
Junge Mädchen, die auf Konzerten alles zusammenkreischten, die heiß waren – auf die Jungs, auf Poster, auf Merch, auf Fotolove-Stories in der Bravo. Und es gab noch etwas, das neu war: In den 80ern entwickelte unter anderem Michael Nesmith von den Monkees eine neue Form der Musikvermarktung – das Musikvideo. Und wie schon die Buggles sangen: „Video killed the radio star." Auf Boybands passte das wie die Faust aufs Auge.

Denn nun betrat Lou Pearlman die Bühne – und erschuf zwei der bedeutendsten und ikonischsten Boybands der 90er. Und er sollte dieses Konzept noch oft wiederholen.
1993 gründete er die Backstreet Boys. Auch wenn hier nicht jeder Schritt dem reinen Castingprinzip entsprach – Howie und AJ lernten sich 1992 bei einem Tanzwettbewerb kennen, Nick kam dazu, Kevin holte seinen Cousin Brian, der im Kirchenchor sang, in die Gruppe – war es letztlich Pearlman, der die Fäden zog, die Band vereinigte, den Namen gab und die klassischen Rollen vergab. 1995 kam ihr erster Hit: „We've Got It Goin' On."

Im selben Jahr hob Pearlman direkt die nächste Band aus der Taufe: *NSYNC. Inwieweit sie sich selbst formierten oder zusammengestellt wurden, ist bis heute umstritten. Klar ist: Pearlman erkannte das Potenzial – und drückte seinen Stempel auf.

Auch in Europa war Bewegung. Schon 1990 trafen sich Gary Barlow und Robbie Williams – beide mit musikalischen Ambitionen. Take That feierte erste Erfolge, noch bevor die Backstreet Boys bekannt wurden. Doch während Take That Europa dominierte, gelang ihnen nie der Durchbruch in den USA – ein Erfolg, den sie sich mit Boyzone teilen: 1993 gegründet, ebenfalls über ein Gesangscasting zusammengestellt, kam hier das Erfolgsmodell gezielt zum Einsatz.

Was man beobachten konnte, war ein klassischer Dominoeffekt: So wie in den 60ern nach dem Erfolg der Beatles plötzlich zahllose „The ...“-Bands entstanden, sprießten nun Boybands wie Pilze aus dem Boden – alle nach dem Prinzip: Posterboys mit Mikrofon.

Was viele heute vergessen: Deutschland war in den 90ern nicht nur Konsument – es war ein wichtiges Testgelände. Sowohl die Backstreet Boys als auch *NSYNC feierten ihre ersten Charterfolge nicht in den USA, sondern in Europa – und hier vor allem in Deutschland.

Der Song „We’ve Got It Goin’ On“ war in den USA ein Ladenhüter, in Deutschland dagegen ein Top-10-Hit. So wurde das deutsche Publikum ungewollt zum Boyband-Barometer: Funktioniert es hier, könnte es auch woanders klappen.

Die Bravo, VIVA und RTL II boten eine perfekte Plattform, auf der Labels ihre Bands wie Produkte im Schaufenster präsentieren konnten.
Nick Carter durfte lächeln, Justin Timberlake in Zeitlupe tanzen – und man prüfte, ob es bei den Fans klick machte. Tat es das nicht, kam halt der nächste Justin.
Durch diese Medien entstand in Deutschland ein idealer Nährboden für Boybands. Man konnte gezielt neue Gruppen auf den Markt werfen und direkt an die Zielgruppe bringen.
Jeder Jugendliche las die Bravo, im Jugendzimmer liefen jeden Nachmittag Shows wie Viva Interaktiv oder Bravo TV, in denen Bands live Interviews gaben – und die Fans konnten sogar anrufen und Fragen stellen.

Das Fazit war einfach: Kreischten die „Girls“ in „little Germany“, dann würden sie auch überall kreischen.
In den 90ern wurden Boybands zum Mainstream, dank Lou Pearlman, der den Ausverkauf des Image „Traumboy“ auf alle erdenkliche Wege inszenierte.

Ein Ausflug in die 90er: Sandra und die Liebe zur Band

Die zwölfjährige Sandra wacht morgens auf, geweckt von ihrem Backstreet Boys-Wecker.
Am Frühstückstisch läuft „Quit Playing Games with My Heart“. Auf dem Weg zur Schule wird im Bus mit den Freundinnen über die neue Bravo gesprochen: Großes Interview – wie Brian seine Unschuld verlor, nun aber Single ist und auf die Richtige wartet…

Wenn er doch nur Sandra kennen würde! Ihre Liebe ist so rein, er würde es erkennen! Ganz sicher! Brian erkennt wahre Liebe doch.
In der Schule holt sie ihre Federtasche mit Nick darauf raus, in der Pause schreibt sie auf ihr Schulheft: „I love Brain“! Ach verdammt, verschrieben! Schnell den Backstreet Boys-Radiergummi raus und aus dem Gehirn ein Brian machen! Gehirn zählt gerade nicht, nur Herz...
Am Abend geht es zurück in die Bettwäsche der Lieblingsband, das Brian-Kissen bekommt noch ein Gute-Nacht-Kuss: „Bis morgen, Brian…“

Genauso verkaufte sich eine Boyband: Das Leben war bestimmt, sie waren bei jungen Mädchen omnipräsent. Die Mädchen kannten die Jungs – oder besser ihre Rolle – besser, als die Jungs sie vermutlich selbst kannten.
Dadurch entstand Nähe: durch intime Interviews, Zeitungsartikel, Poster.
CDs und Konzerttickets zählen und sind ein Indikator, ob die Band läuft, aber das Drumherum bringt noch mal so viel mehr Geld.
Star Wars hat es vorgemacht: Merchandise ist eine Goldgrube. Und wenn man das mit Liebe emotional auflädt, wird es für die Eltern von Sandra richtig teuer. Und während Sandra von wahrer Liebe träumte, war die Liebe in Wirklichkeit nur Ware.

Boyband-Olymp: NSYNC vs. Backstreet Boys – der Zenit einer Ära

Der Abschnitt um Sandra zeigt es bereits: Boybands waren allgegenwärtig – allen voran die Backstreet Boys und später *NSYNC. Ihre Präsenz gipfelte in einem direkten Showdown um die Vorherrschaft im Boyband-Olymp. 1997 etwa tourten beide Gruppen gleichzeitig durch Nordamerika. Direkter lässt sich der Vergleich kaum führen: zwei Megastars ihrer Zeit, beide von Lou Pearlman geformt, beide mit Millionenpublikum – aber mit unterschiedlichen Schwerpunkten.

Doch: Wer das Rennen gewonnen hat? Das kommt auf den Blickwinkel an.

In den USA lagen *NSYNC zwischenzeitlich deutlich vorn. Ihr Album No Strings Attached (2000) verkaufte sich allein in der ersten Woche über 2,4 Millionen Mal – ein Rekord, der bis 2015 ungebrochen blieb.

Weltweit brachte es das Album auf rund 14,2 Millionen Verkäufe. Die zugehörige No Strings Attached Tour spielte knapp 70 Millionen Dollar ein und machte *NSYNC zur umsatzstärksten Tourband des Jahres.

Die Single „Bye Bye Bye“ wurde zur Hymne einer Generation – und auch zu einem musikalischen Abschied von Pearlman.

Die Backstreet Boys hingegen waren das global erfolgreichere Phänomen. Ihr Album Millennium (1999) ging weltweit über 24 Millionen Mal über den Ladentisch, die dazugehörige Into the Millennium Tour zählte über 100 Shows und generierte fast 100

Millionen Dollar – ein Kraftakt, der ihren Status zementierte. Ihre Single „I Want It That Way“ erreichte in über 25 Ländern Platz 1 und gilt bis heute als Inbegriff des Boyband-Sounds.

Auch im Merchandise-Krieg lagen die BSB vorn: Allein 1999 setzte ihr Fanartikel-Imperium über 100 Millionen Dollar um – von Bettwäsche über Puppen bis hin zum Zahnbürsten-Set. Und während *NSYNC ebenfalls Lunchboxen, Actionfiguren und Parfüms unter die Fans brachte, war es vor allem das Image der Backstreet Boys, das sich global tiefer in die Jugendkultur eingebrannt hatte.

In Deutschland dominierten sie Bravo-Cover, VIVA-Specials und Schulranzen. *NSYNC war präsent, aber oft nur die „kleinen Brüder“. Und auch die Langlebigkeit spricht für die Backstreet Boys: Während *NSYNC 2002 auf Eis gelegt wurde und Justin Timberlake solo durchstartete, touren die BSB bis heute durch ausverkaufte Hallen – mit einem Publikum, das ihnen seit Jugendtagen treu geblieben ist.

So zeigt der direkte Vergleich zweier Boyband-Giganten vor allem eins: Die späten 90er bis frühen 2000er waren die Blütezeit der Boyband-Ära. Ein Massenphänomen, das ganze Schulhöfe prägte – und bis heute Spuren hinterlässt. Nicht nur in CD-Regalen, sondern in Erinnerungen. Und auch wenn die Poster heute vergilbt sind – die Stimmen von damals klingen noch immer in den Herzen einer Generation.

3.1 Take That –Robbie da, Robbie weg, Robbie da, Robbie weg

1989: Nigel Martin-Smith war Club- und PR-Manager in Manchester – und er sah drüben in den USA die New Kids on the Block alles abräumen. Sein Gedanke: Was die Amis können, kriegen wir in good old England schon lange hin!

Er wollte eine britische Antwort auf die New Kids – **jünger, sexier, anpassbarer.**
Seine Zielgruppe? Laut eigener Aussage: Teenagermädchen – und ihre Mütter.
Er suchte Typen mit **Ausstrahlung**, die **tanzen** konnten – und wenigstens **einen, der musikalisch wirklich was draufhat**.
Den fand er direkt zu Beginn: **Gary Barlow**, ein junger Musiker aus Cheshire, der eigene Songs schrieb, regelmäßig in Clubs auftrat, Klavier spielte und komponierte. Kein Posterboy – aber **genau das, was gesucht wurde**.
Der Rest wurde über Anzeigen und Agenturen zusammengecastet:
Howard Donald – eigentlich DJ, gutaussehend, gut gebaut, aber schüchtern.
Jason Orange – Tänzer mit Street-Credibility, wenig Ambitionen, aber sehr gelenkig.
Mark Owen – klein, süß, nicht so begabt wie Barlow, aber unglaublich sympathisch.
Robbie Williams – der Jüngste, gerade mal 16, impulsiv, frech, charmant – ein bisschen Wahnsinn inklusive.

Bei Robbie zögerte Nigel zunächst: **zu wild, zu unberechenbar**.
Doch das **Charisma war nicht zu leugnen** – also bekam er den Platz.
Zum Glück. Oder leider. Je nachdem, wen man fragt.
Damit war die Band komplett – bereit für peinliche Videos, leere Einkaufszentren und die ersten zaghaften Schritte Richtung Pop-Olymp.

1991 war es dann so weit:
Mit **„Do What U Like"** warfen Take That ihren Hut in den Ring – und **floppten grandios.**
Nicht einmal **in die UK Top 75** schaffte es die Single.
Und ehrlich gesagt: Das Lied war auch eher zum Vergessen.
Aber das Video? **Pures Kalkül.**
Ein platinblonder Gary Barlow, jede Menge nackte Haut – und dann:
Glibbergelee, Sahne, laszive Blicke.
Es war nicht subtil. Es war gezielt **jugendlich-sexuell.**
Und es funktionierte. Auch wenn sich Gary Barlow bis heute für das Video schämt.

Zwar ging die Single baden, aber das **Video blieb im Kopf** – und vor allem in den **Jugendmagazinen**.
Mission erfüllt: **Aufmerksamkeit war da.**
Und tatsächlich: Das größere Label **RCA** wurde aufmerksam – und nahm **Take That** unter Vertrag.
Mit dem neuen Lable im Rücken positionierte Nigel Martin-Smith die Band neu. Der Glibber wurde abgewischt, die Shirts wurden länger, die Choreos professioneller, das Lächeln kalkulierter.

Und man schob auch gleich eine weitere Single in dem Jahr nach die immerhin in England auf der 38 landete. Eine Verbesserung.
Erst 1992 landete Take That ihren ersten echten Hit: **„It Only Takes a Minute“** erreichte Platz 7 der britischen Charts, sicherte die ersten Kreischer und die ersten Auftritte bei Top of the Pops.
Auch die vierte Single – **„A Million Love Songs“**, eine Ballade, die Gary Barlow mit 15 geschrieben hatte – stieg bis auf die Sieben.
Damit war klar: Diese Band konnte mehr als Waschbrettbauch und Hüftschwung.
Sie hatte einen Musiker in ihren Reihen – und das half dem Image.
Ja, sie waren eine Boyband – aber eben nicht nur.
Noch im selben Jahr erschien das Debütalbum Take That & Party, kletterte auf Platz 2 und erreichte Platinstatus. Die frühen 90er hatten offiziell eine neue Boyband.
1993 folgte das zweite Album: Everything Changes, fast komplett von Barlow geschrieben – abgesehen von Relight My Fire, einem Cover mit Lulu.
Das Album lief großartig.
Mark Owen bekam mit Babe eine eigene Ballade – der Weihnachtshit des Jahres.
Viele glaubten, er würde nun stärker in den Vordergrund rücken.
Doch intern war die Rollenverteilung klar: **Barlow war der Chef.**
Robbie hingegen beanspruchte Bühnenzeit – notfalls durch Chaos.

1994 war ihr Jahr.
In Großbritannien ohnehin riesig, fassten sie nun auch

in Deutschland und weiten Teilen Europas Fuß.
Asien spielte kaum eine Rolle, **Amerika war eine Sackgasse** – man war einfach **zu europäisch, zu glatt**.
(O-Town würde es später umgekehrt erleben: in den USA kurz ein Hype, in Europa unter ferner liefen.)

Doch in Europa waren Take That ein **Pop-Phänomen**: ausverkaufte Arenen, belagerte Hotels, Merchandise in jedem Supermarkt.
Aber die Schatten wurden länger.
Robbie stand immer mehr im Abseits.
Er genoss den Ruhm – doch auf den Platten hatte er kaum Soloparts, durfte hauptsächlich im Hintergrund tanzen und Clown spielen.
Das Ergebnis: **Party, Drogen, Eskapaden.**

1995 spitzte sich alles zu.
Barlow führte Take That wie ein Projektleiter, während Williams zwischen Kokain, Desinteresse und Liam Gallagher pendelte
Die anderen drei? Ja, sie waren da. Mehr aber eben auch nicht.
Im Mai erschien Nobody Else – das **kommerziell erfolgreichste Album der Band**.
Darin enthalten: **„Back for Good"**, ihr größter Hit.
Das Video dazu? Symbolisch. Schwarz-weiß, Regen, Robbie mimt den Rebell, die anderen tanzen im Nassen, Barlow sitzt trocken und trällert sein Lied.
Parallel dazu rebellierte Robbie auch real.
Er erschien betrunken zu Auftritten, ließ sich mit Oasis feiern, schwänzte Proben.

Nigel Martin-Smith stellte ihn vor die Wahl:

Krieg dich ein – oder geh.
Juli 1995: Der Knall. Robbie war raus.
Offiziell „aus freien Stücken“ – in Wahrheit eher gegangen worden.
Man wollte das Gesicht wahren.
Die Fans waren geschockt.
Die Welttournee startete zu viert: Europa, Australien, Südafrika, Asien – **nur die USA fehlten**.
Dort hatte man **nie Fuß gefasst.**
Die Tour war das Ende unter Hochdruck.
Gary war ausgebrannt, hatte Solopläne.
Mark, Howard und Jason wollten raus.
1996 erschien zum Abschied noch ein **Greatest Hits-Album** – mit dem neuen Lied **„How Deep Is Your Love“** (Bee Gees-Cover).
Der Song wurde ein Nummer-eins-Hit – und der **emotionale Schlussakkord**.
Hotlines wurden eingerichtet, in die Teenies heulend ihre Trennungstrauer schluchzten.
Und dann war Schluss.
Zehn Jahre lang: Stille.

2006: Die Auferstehung
Dann, 2005: Eine TV-Doku.
"Take That – For the Record".
Alle fünf Mitglieder – auch Robbie, per Einspieler – reflektierten ihre Zeit.
Die Reaktionen waren überwältigend.
Es folgte eine Ankündigung: **Comeback zu viert.** Ohne Robbie.
Viele erwarteten Peinlichkeit.
Es wurde ein Triumph.
Die **„Ultimate Tour“** war ausverkauft – und erstaunlich würdevoll.

Das Publikum war **mit der Band gealtert** – und feierte sie ohne Scham.

Ende 2006 erschien **„Beautiful World“** – das Comeback-Album:

- Achtfach Platin
- Besser verkauft als alles in den 90ern
- **Hits:** Patience, Shine

Kritiker lobten die Reife.

Take That **reproduzierten nicht**, sie **erfanden sich neu**.

2008 folgte The Circus – ebenfalls ein Erfolg. Take That waren wieder ganz oben.

2010: Der verlorene Sohn kehrt zurück

Robbie Williams, inzwischen **Superstar mit Schattenseiten**, erklärte öffentlich, er habe mit der Vergangenheit Frieden geschlossen.

Man redete. Man testete.

Und 2010 war es offiziell:

Take That sind wieder zu fünft.

Die Reaktion: **Hysterie 2.0.**

Das Album Progress erschien im November 2010:

- Düsterer, elektronischer, experimenteller
- Produziert von Stuart Price
- **"The Flood"** wurde zur Hymne

2 Millionen Verkäufe in kürzester Zeit.

2011 ging es auf Tour – bombastisch:

- Riesiger Roboter auf der Bühne
- Über 1,8 Millionen Tickets
- Wembley acht Nächte hintereinander

Aber:
Robbie hatte ein eigenes Set.
Gary hatte ein eigenes Set.
Man trat **gemeinsam auf – aber nicht als Einheit.**
Robbie war mehr Gast als Rückkehrer.

Ab 2012: Drei bleiben übrig
Nach der Tour stieg Robbie wieder aus.
2014 dann der nächste Aderlass: **Jason Orange** hatte keine Lust mehr.
Keine Dramen – aber er ging.
Dezember 2014 erschien III, das erste Album als Trio.
Erfolg: solider Chartstürmer – **aber nicht mehr epochal.**
Ähnlich lief es 2017 mit Wonderland.
2019 gab es eine Jubiläumstour zum 30-jährigen Bestehen – nostalgisch, warm, aber keine neue Ära.
Seitdem:

- Einzelprojekte
- Festivalauftritte
- Gerüchte um ein weiteres Album

Eine richtige Trennung? Gab es nie.
Take That sind einfach... noch da.
Irgendwie.

Was wurde aus ihnen?

Gary Barlow – Nach Take That bekam er einen fetten Plattenvertrag. Er war die Stimme, der Musiker, der Seriöse. Sein erstes Soloalbum lief gut, das Marketing setzte auf: Vergesst Robbie – ich bin der Musiker. Doch dann kam Robbie. Und Barlow wirkte plötzlich wie der langweilige Gegenentwurf zum Freigeist Williams. Sein zweites Album floppte, und die Presse

unkte: Aus Mr. Barlow sei Mr. Boredom geworden. Er zog sich zurück, nahm stark zu, wurde depressiv – fühlte sich vom Business verraten.
Er verschwand aus der Öffentlichkeit, aber nicht aus der Musik: Er schrieb Songs für Elton John, Blue und andere.
Durch die Reunion fand er zu sich selbst zurück. Barlow wurde aus dem Pop-Zirkus gedrängt – und kam durch die Hintertür als Chef zurück. Heute steht er für: **Stabilität, Klasse, Kontinuität – und dafür, dass auch „Langweilige" ihren langen Atem haben.**

Mark Owen – Auch er versuchte es solo. 1996 landete er mit Child und Clementine kleine Hits, doch das dazugehörige Album floppte. Mark verschwand aus der Öffentlichkeit, kämpfte mit Alkoholproblemen, wirkte verloren im Leben nach Take That. 2002 gewann er Celebrity Big Brother – und das öffnete ihm tatsächlich neue Türen.
Er veröffentlichte ein weiteres Album, das gut lief – der Nachfolger hingegen: wieder eine Bauchlandung. Mark Owen ist kein Popgigant, aber eine Konstante. Er ist nie abgestürzt, nie durchgedreht, nie wirklich weg – aber auch nie ganz oben.
In Take That funktioniert er besser als allein – dort darf er glänzen, ohne alles tragen zu müssen.

Howard Donald – Howard machte keine Solokarriere. Kein Album, keine Singles, kein TV. Er zog sich zurück, hatte mit Depressionen zu kämpfen. Es gab Jahre, in denen man nicht wusste, wo er war – oder ob es ihn noch gibt.
In dieser Zeit legte er als DJ auf – unter dem Namen

DJ H –, vor allem in kleinen europäischen Clubs. Sein Sound blieb bei Deep House und Electro – kein Promi-Gedudel, sondern echte Clubsets.
Er lebt heute eher zurückgezogen, ist Vater von vier Kindern.
Howard war immer mehr das tanzende Waschbrettbauch der Band – und vielleicht war er mit dieser Rolle auch einfach zufrieden.

Jason Orange – Während Gary und Mark Alben machten und Howard auflegte, versuchte sich Jason… als Schauspieler.
Ein TV-Vierteiler, ein bisschen Theater – dann war Schluss.
Jason hasste den Medienzirkus. Er mied Interviews, Talkshows, Kameras – so gut er konnte.
Er verschwand komplett aus der Öffentlichkeit. Keine Social-Media-Accounts, keine Interviews, keine Statements. Nicht einmal zum großen Jubiläum 2019 kam er zurück.
Gary Barlow sagte einmal:
„Ich weiß nicht mal, wo Jason lebt. Ich glaube, er will wirklich in Ruhe gelassen werden."
Jason Orange ist das Gegenteil eines Popstars im Ruhestand.
Nie skandalös, nie peinlich, nie mediengierig. Er machte einfach Schluss – als es sich nicht mehr richtig anfühlte.

Robbie Williams – Und dann ist da noch Robbie. Er taucht noch einmal in Kapitel 10 auf – zu Recht. Nach Take That kam der Absturz – und zwar richtig. Monate im Drogenrausch, dann Reha.
Seine erste Single floppte. Dann kam Angels – und

rettete ihn.
Er ist nicht der beste Sänger. Nicht der stabilste Mensch.
Aber er ist: **der authentischste Popstar, den diese Ära hervorgebracht hat.**
Sein Biopic **„Better Man“** floppte leider, obwohl es künstlerisch mutig war.
Die Entscheidung, ihn als animierten Affen darzustellen, war… sagen wir: diskutabel.
Aber Robbie wäre nicht Robbie, wenn ihn das aufhalten würde.
Er macht weiter Musik, geht auf Tour, hat Erfolg – und tut weiterhin, was er will.
Und wenn das heißt, den Jingle für eine Katzenfuttermarke zu singen, dann tut er auch das.

Und mein Fazit zu der Band?

Back for Good? Großartig, ganz klar. Aber mit dem Rest konnte ich nie so richtig warm werden. Robbie solo hingegen? Holy moly. So viele gute Songs: 'Come Undone', 'Sexed Up', 'Tripping' – kann ich immer wieder hören. Sie sind Urgesteine – daher musste ich ihnen hier auch etwas mehr Platz einräumen. Sie haben es sich verdient.

3.2 Boyzone –Irland möchte auch eine Boyband...

Wenn man über diese Band spricht, muss man mit dem Mann dahinter anfangen: **Louis Walsh**. Im Prinzip wie **Maurice Starr oder Lou Pearlman** – nur ohne kriminelle Energie, ohne Sexualisierung und mit Guinness statt Gier. Kein musikalisches Genie, aber jemand, der wusste, was am Markt funktionierte. Als Take That durchstarteten, dachte sich Walsh: Das kriegen wir in Irland doch auch hin. Er erfand nichts Neues, aber er konnte verkaufen.
Er wusste nicht genau, was er tat – aber er wusste, was er wollte: eine irische Boyband. Also schaltete er eine Zeitungsanzeige: Gesucht wurden Jungs, die gut aussehen und tanzen konnten. Das reichte.

Was folgte, war das pure Chaos. Es gab kein Tonstudio, viele der Bewerber konnten nicht singen – manche nicht einmal vorsingen. Und doch fischte Walsh sechs Jungs aus dem Castingtrubel:
Ronan Keating, Stephen Gately, Keith Duffy, Shane Lynch, Mark Walton und Richard Rock.
Man hatte eine Band – aber keinen Plan. Keine Strategie, keine Songs. Vielleicht reichte es ja, jung und süß zu sein? **Spoiler: Reichte nicht.**

Was Walsh aber konnte, war verkaufen. Mit **Johnny Logan** als Aushängeschild im Rücken, den er auch unter Vertrag hatte und einer guten Portion Penetranz schaffte er es, Boyzone in die **„Late Late Show"** von RTE zu bringen – Irlands wichtigste Talkshow.

Was dann passierte, war legendär – im negativen Sinne. Boyzone durften zwei Lieder performen. Weil sie keine eigenen hatten, sangen sie zwei Cover:

- **„Jump Around“** von House of Pain – fünf weiße Jungs versuchen zu rappen. Stephen trägt Latzhose, Keith das Hemd offen, das Sixpack ist eher Theorie.
- Dann Playback: **„Working My Way Back to You“** von The Spinners. Eine Soul-Nummer, mit unbeholfener Choreografie und noch unbeholfenerem Charme.

Der Moderator fragte danach trocken:

„You're not great singers or dancers, are you?“

Die Presse zerlegte Boyzone. Und Walsh? Der war zufrieden. Denn: Gestern war man unbekannt, heute sprach jeder über sie.

Er zog Konsequenzen, warf **Mark Walton und Richard Rock** aus der Band und holte dafür **Mikey Graham**. Die Formation, wie man sie kennt, war komplett.

Der Durchbruch

Im November 1994 erschien ihre erste Single: **„Love Me for a Reason“** – ein Cover von The Osmonds. Irland Platz 1, UK Platz 2.

Das Debütalbum **„Said and Done“** folgte – inklusive des Cat Stevens-Covers **„Father and Son“**. Ein Boyband-Evergreen.

Boyzone waren zur richtigen Zeit am richtigen Ort: 1995 verließ Robbie Williams Take That, 1996 löste sich die Band ganz auf – und **Boyzone rückten nach**.

Ihr zweites Album **„A Different Beat“** enthielt das Bee Gees-Cover **„Words“**, wieder ein Hit, wieder Platin.

1998 dann das dritte Album – inklusive ihres größten Erfolgs: **„No Matter What“**.
1999 folgte ein Best-of-Album – über **vier Millionen Verkäufe** weltweit.

Das Coming-out und die Erosion

Ebenfalls 1999: **Stephen Gately** outete sich – als Erster einer aktiven Boyband.
Ein Reporter der Sun wollte ihm auflauern – Stephen kam ihm zuvor. Ruhig, selbstbestimmt und ohne Rückzieher.
Die Band, vor allem **Ronan Keating**, stellte sich hinter ihn. Die Presse war gespalten – aber die Fans blieben.
Boyzone blieben eine der ersten Boybands, bei der ein Coming-out **nicht das Ende bedeutete**.
Aber es war klar: Die Luft wurde dünner.
Ronan hatte sich längst zum Frontmann entwickelt – und **sein Beitrag zum „Notting Hill“-Soundtrack, „When You Say Nothing at All“**, übertraf die letzten Boyzone-Singles deutlich.
Auch **Louis Walsh** hatte längst ein neues Projekt: **Westlife**.
2000 entschieden sich Boyzone – ohne Drama, ohne Eklat – in den Ruhestand zu gehen.

Reunions, Rückschläge, Abschied

2007 dann die Überraschung: **ein Benefizauftritt** – und das Publikum war begeistert.
Es folgte eine Reunion-Tour, ein neues Best-of mit frischen Songs.
Dann 2009: **Stephen Gately stirbt überraschend** auf Mallorca.
Die Band entschied sich weiterzumachen – das

2010er-Album war ihm gewidmet.
Weitere Comebacks folgten **2013** und **2018**. Letzteres gipfelte im finalen Album:
„Thank You & Goodnight – 25 Years of Boyzone“
Ein Titel, der hielt, was er versprach: **2019 löste sich die Band endgültig auf.**

Was machte Boyzone nach der Band?

Ronan Keating – Er legte die erfolgreichste Karriere hin. Seine Soloalben verkauften sich gut, er wurde Entertainer, Juror, Moderator – eine feste Mediengröße. Keine Skandale, stattdessen soziales Engagement, vor allem im Kampf gegen Krebs, nachdem seine Mutter an der Krankheit gestorben war.

Stephen Gately – 2000 erschien sein Soloalbum, das es immerhin auf Platz 9 schaffte. Es folgten Theaterrollen, Synchronarbeit und Musicals. 2006 heiratete er seinen Partner. Gately schrieb auch einen Fantasyroman für queere Jugendliche – das Buch erschien posthum. Ein stiller Wegbereiter, dessen Einfluss oft unterschätzt wird.

Keith Duffy – Nach Boyzone war er in der britischen Soap Coronation Street zu sehen – sein Einstieg in die Schauspielerei. Er ist verheiratet, Vater zweier Kinder – eines davon mit Autismus. Seit Jahren engagiert er sich für Aufklärung in dem Bereich. Seit 2016 tourt er gemeinsam mit Brian McFadden (Westlife) als Boyzlife – erst mit Covers, später mit eigenen Songs.

Shane Lynch – Der „Bad Boy“ der Band baute sich ein zweites Standbein im Motorsport auf – mit eigenem Rennstall. In Interviews sprach er offen über Alkoholprobleme und Depressionen, fand später Halt im christlichen Glauben. Auch in Reality-TV-Formaten wie Promi Big Brother zeigte er sich überraschend reflektiert.

Mikey Graham – 2000 versuchte er sich an einem Soloalbum, das aber nie erschien. Erst 2010 kam eine eigene Platte – die jedoch kaum Resonanz fand. Heute arbeitet er hinter den Kulissen als Produzent und Songwriter, ist gelegentlich im TV zu sehen. Mikey war immer eher der Unsichtbare – der Mitträger, der selten im Rampenlicht stand.

Und ich?

Ich fand Boyzone immer eher langweilig – und damit war ich nicht allein in Deutschland. Sie waren zwar präsent in den 90ern, aber nie prägend. „Love Me for a Reason“ schaffte es hierzulande nur auf Platz 26, ihr größter Hit „No Matter What“ immerhin auf Platz 15. Schätzen gelernt habe ich sie erst beim Comeback: Love You Anyway war eine angenehm selbstironische Nummer. Männer im besten Alter, die tanzten wie mit 20 – mit schelmischem Grinsen und alten Moves. Keine Coolness, sondern charmante Nostalgie. Und genau das gefiel mir.

Stephen Gately hat mit seinem Coming-out 1999 – auch wenn ich die Band damals nicht mochte – etwas Wichtiges getan. Für viele queere Jugendliche war er der Erste, der sichtbar und stolz war. Auch für mich. Mein Respekt gehörte ihm – damals wie heute.

Boyzone waren nie wirklich meine Band. Aber durch Gately blieben sie mir trotzdem immer irgendwie nah.

3.3 Backstreet Boys – Glanz und Schatten

Da sind wir also: die Backstreet Boys.
Das Herzstück dieses Essays – oder etwa doch nicht?
Klar, ich mag die Lieder. Wer nicht?
Aber dieses Kapitel fühlt sich an wie eine Pflichtaufgabe. Es gibt zahllose Seiten, Beiträge, Dokus über diese Band – natürlich gibt es die.
Sie sind das, was man meint, wenn man „Boyband" sagt. Der Inbegriff, das Klischee, das Synonym.
Was soll ich da noch groß beitragen?
Ich werde sie deshalb behandeln wie jede andere Band hier auch: Wir ordnen ein, wie sie aufstiegen – und was dann passierte.
Zeigen, was hinter der Hochglanzfassade lag. Und warum ich die zweite Reihe – die Vergessenen, die Unrunden – eigentlich viel spannender finde.
Aber gut: Den Elefanten im Boyband-Raum muss man eben streicheln. Also gehen wir rein.

Bevor wir das aber tun, schauen wir uns den Mann hinter der Band an: Lou Pearlman.
Ein eher windiger Geschäftsmann, der mit „Airship International" eine Luftfahrtfirma betrieb, die Luftschiffe vermietete. Die Zahlen stimmten bei ihm nie so ganz. Er war ein Blender – aber einer mit Charme und Visionen.
Und er hatte einen flüchtigen Bekannten: Maurice Starr. Der hatte mit seinen New Kids on the Block das große Geld gemacht.
Pearlman muss sich gedacht haben: Was der kann, kann ich auch.

Also stellte er seine erste eigene Band zusammen:
N Trans – nicht zu verwechseln mit der britischen Dance-Band **N-Trance**, die zur selben Zeit aktiv war, aber nichts mit Pearlman zu tun hatte.
N Trans war ein Trupp Jungs, die Lou zusammengewürfelt hatte. Es gibt kaum Aufnahmen von ihnen – kein Album, keine nennenswerte Karriere.
Ein paar Auftritte vor Supermärkten, dann war Schluss. Aber Lou hatte dazugelernt: Wenn schon Boyband, dann richtig.

1992 schaltete er in Orlando eine Anzeige:
„Sänger für eine neue Boyband gesucht. Gesang, Tanz, gutes Aussehen erforderlich."
Über 300 Leute bewarben sich. Vier kamen durch: **AJ McLean**, **Howie Dorough**, **Nick Carter** und **Kevin Richardson**. Letzterer schlug vor, auch seinen Cousin **Brian Littrell** dazuzuholen – ein Kirchensänger mit Engelsstimme.
Pearlman war begeistert. Brian war das fehlende Puzzlestück.
Er steckte Millionen in das Projekt: Proberäume, Vocal Coaches, Choreografen, Stylisten.
Eine Boyband vom Reißbrett – perfektioniert in einem Lagerhaus in Florida.
Der Name kam vom „Backstreet Market" in Orlando – einem Treffpunkt für Teenager. Zielgruppe erkannt, Zielgruppe benannt.
1995 war es so weit: Die erste Single We've Got It Goin' On erschien.
Und floppte. Platz 69 in den Billboard-Charts – **weit unter den Erwartungen**.

Aber Lou hatte zu viel Geld investiert, um das Projekt abzubrechen. Statt durch die USA zu tingeln, schickte er seine Band **nach Europa**. Und hier **zündete die Formel**:
In Skandinavien wurden sie gefeiert, in Deutschland schoss die Single auf Platz 4.
Die Backstreet Boys waren in Europa plötzlich überall: **Fernsehen, Radio, Bravo, VIVA, Signierstunden, Kaufhausdächer.**

Und in Amerika? Da krähte kein Hahn nach ihnen.
1996 folgte das erste Album – zumindest für Europa und Kanada.
Es enthielt unter anderem Quit Playing Games (With My Heart) und Anywhere for You – und wurde ein großer Erfolg.
Mit diesem Rückenwind versuchte Pearlman es 1997 erneut in den USA: Er arrangierte das Album neu und brachte es unter dem gleichen Namen – Backstreet Boys – auf den US-Markt.
Und siehe da: **Die Heimat hörte jetzt endlich hin.**
Quit Playing Games wurde ein Hit, das Album landete auf Platz 5.
Amerika hatte die Backstreet Boys endlich entdeckt – weil Europa sie schon liebte.
Es folgten weitere Hitalben der fünf – pardon, **sechs** – Bandmitglieder: Backstreet's Back und Millennium. Was als Urknall in Europa begann, baute sich mit diesen Alben aus und zementierte ihren Status als globale Popgiganten.

Aber Moment – **sechs** Mitglieder?
Auf den Postern sind nur fünf Jungs. Und ja, selbst die Band wusste lange Zeit nichts vom **geheimen sechsten Mitglied**.
Was Maurice Starr einst plakativ mit einem 1,87-Dollar-Scheck bei New Edition offenlegte, machte Lou Pearlman ganz ähnlich – nur subtiler.

Im Kleingedruckten war er plötzlich selbst Teil der Band. Der selbsternannte „väterliche Freund" war **nicht nur Manager**, sondern auch **Labelchef, Produzent und – offiziell – sechstes Bandmitglied**.
So kassierte er doppelt.
Der Gewinn? Wurde gerecht geteilt – durch **sechs**, nicht fünf.
Wenn man jung ist und sieht, wie viel Geld dieser großzügige Gönner in einen steckt, hinterfragt man vielleicht nicht sofort, wie genau das mit der Finanzierung läuft.
Aber wenn man jahrelang auf Tour ist, Nächte allein in Hotels verbringt, irgendwann nicht mehr weiß, in welcher Stadt man gerade ist – und am Ende trotzdem **nicht vernünftig bezahlt wird** – dann wird man misstrauisch.
Und wenn so ein Vertragstrick ans Licht kommt, ist der **Bruch vorprogrammiert.**
Ende 1999, kurz nach dem Welterfolg von Millennium, **platzte die Bombe.**

Die Backstreet Boys hatten genug von Pearlmans **Gier, Kontrolle und doppeltem Spiel**.
Nicht nur verdiente er an allem mit – er hatte **parallel auch NSYNC unter Vertrag**, ihren größten Konkurrenten. Loyalität? Nicht sein Genre.

Die Band reichte Klage gegen ihn und sein Label ein. Um eine öffentliche Schlammschlacht zu vermeiden, einigte man sich **außergerichtlich im Frühjahr 2000**.
Pearlman war abgesetzt – aber noch nicht ganz verschwunden.

Das folgende Album Black & Blue war das erste ohne seine direkte Kontrolle – auch wenn er dank cleverer Vertragsklauseln weiter mitverdiente.
Danach war die Band endlich frei.
Aber der Boyband-Hype war es nicht mehr.
Einen Erfolg wie Millennium sollten sie nie wieder erreichen.

Was die Backstreet Boys perfekt beherrschten, war das Spiel mit den Medien.
Bis heute verstehe ich nicht, wie es ihnen gelang, ihre Skandale unter den Teppich zu kehren.
Da war die Trennung von Lou Pearlman – ein echter Bruch, aber einer, bei dem die Band eher als Opfer dastand.
Nick Carter etwa hat nie offen über möglichen sexuellen Missbrauch durch Pearlman gesprochen. Stattdessen blieb es bei vagen Andeutungen, etwa:
„Er verhielt sich wie ein Pädophiler. Nicht durch das, was er tat, sondern wie er sich benahm."
Sein jüngerer Bruder Aaron sagte 2019, Nick habe mit Pearlman Dinge erlebt, die ihn verändert hätten.
Sätze wie: „Ich weiß nicht, was passiert ist, aber ich weiß, dass Nick ihm nie wieder nahe sein wollte." Aber: Aaron und Nick hatten einen Dauerstreit, Aaron lebte von medialer Aufmerksamkeit – seine Aussagen sollte man mit Vorsicht genießen.

Doch Nick Carter war nicht nur Opfer.
Mehrere Frauen werfen ihm sexuelle Übergriffe und Vergewaltigung vor. Zivilprozesse laufen noch. Aber in der Öffentlichkeit? Fast kein Echo. Die Backstreet Boys touren weiter – mit einem Vergewaltigungsvorwurf im Gepäck, den kaum jemand wahrnimmt. Bizarr.

Ein weiterer Schatten: AJ McLeans Umgang mit dem Druck.
Er selbst sagte:
„Ich war high auf der Bühne, high im Studio, high bei Interviews. Und alle dachten, ich sei einfach cool und lässig – dabei war ich komplett weggetreten.“
2001 war er am Tiefpunkt – Konzerte wurden abgesagt, weil er nicht mehr konnte.
Bandkollege Kevin Richardson ging mutig an die Öffentlichkeit, nicht für PR, sondern um AJ zur Reha zu drängen.
AJ ging – öffentlich. Er hatte mehrere Rückfälle, ist heute clean und engagiert sich für Suchtprävention.

Und dann ist da Brian Littrell.
Der Junge aus dem Kirchenchor. Sunnyboy mit Kreuzkette.
2006 veröffentlichte er ein christliches Soloalbum – harmlos genug.
Aber 2020, zur US-Wahl, unterstützte er offen Donald Trump. Demokratie muss andere Meinungen aushalten – auch konservative.
Doch Brian trat der Plattform Parler bei – einer Spielwiese für Impfgegner, QAnon-Anhänger und Trump-Fans.

Er likte und verbreitete Verschwörungstheorien – darunter auch QAnon-Inhalte.
Für alle, die QAnon nicht kennen:
Es geht um eine angebliche globale Elite, die Kinder entführt, foltert und ihnen Adrenochrom entzieht, um jung zu bleiben.
Trump sei der einzige, der diese Elite bekämpft. COVID, Medien, Bildungssystem – alles Teil einer weltweiten Gehirnwäsche. Klingt irre? Ist es auch.
Kevin Richardson bat Brian wohl, Parler zu verlassen. Brian weigerte sich.
Kevin, deutlich liberaler eingestellt, stieß damit an Grenzen.
Das Image der Band? Littrells Entscheidung schadete – nachhaltig.
Und wie steht Brian zu LGBTQ+?
Er sagte nie: „Ich bin gegen queere Menschen."
Aber auch nie: „Ich bin für sie."
Stattdessen entschied er sich für Plattformen, auf denen Pride ein Schimpfwort ist, und für Politiker, die queere Rechte aktiv bekämpfen.
Für viele Fans, die in der Musik der Backstreet Boys Zuflucht fanden, war das ein Schlag ins Gesicht.

Was die Backstreet Boys im Kleinen sind, ist die Gesellschaft im Großen.
Brian – konservativ aufgewachsen, der religiöse Sunnyboy – verliert mit dem abnehmenden Erfolg auch ein Stück Halt. In der Isolation sucht er Bestätigung im Netz. Und findet sie – bei den Falschen.
Ganz so, wie es viele während und nach Corona getan haben. Fake News lassen grüßen.
Kevin versucht zu verstehen. Er will aufklären, helfen,

zurückholen. Doch seine ausgestreckte Hand wird als Angriff gedeutet – und treibt den Entgleisten noch tiefer ins Rattennest.
Was wir hier im Kleinen sehen, ist eine Parabel auf die Gesellschaft, in der wir leben – leider.
Ausgerechnet der, der immer von Liebe sang – sprach nie über jene, deren Liebe nicht in seine Welt passte.
Aufgelöst haben sich die Backstreet Boys nie. Auch wenn es zwischenzeitlich ruhiger wurde, waren sie nie wirklich weg.
Die DNA Tour lief von 2019 bis 2023 – mehrfach verschoben wegen der Corona-Pandemie, aber am Ende ein großer Erfolg.
Nach der Tour folgten ein Weihnachtsalbum, mehrere Best-ofs und Livealben.
Trotz interner Unstimmigkeiten wirkt die Band nach außen harmonisch und professionell.
Auf Social Media zeigt man sich aktiv und selbstironisch – man nimmt das Image von früher nicht mehr zu ernst, aber auch nicht zu distanziert.
Und auch wenn Kevin die Band einmal kurz verließ – heute sind alle fünf wieder dabei.
Sie versprühen Retro-Charme, liefern solide Shows – und verkaufen Nostalgie an die Teenager von damals.

Nick Carter – war das Gesicht der Band. Der Blonde, der Schöne, der Junge, der angeblich alle Poster küsste.
Dabei war sein Leben alles andere als glatt: Familiendrama, Drogen, Gewalt, Chaos.
Und später: Vorwürfe. Schwere. Mehrere Frauen beschuldigen ihn der Vergewaltigung. Nick bestreitet alles. Die Band schweigt. Die Tour geht weiter.
Vielleicht, weil es einfacher ist, mit fünf Stimmen zu

singen als mit einer Stellung zu nehmen.
Seit 2014 ist er verheiratet und Vater von drei Kindern.
2006 versuchte er solo durchzustarten – etwa zeitgleich mit Justin Timberlake.
Und sorry, Nick: Dieses Rennen hat Justin gewonnen.

Howie Dorough – der stille Backstreet Boy. Und der Exot: puertoricanisch-irische Wurzeln
Er war immer eine konstante Säule im Hintergrund. Immer da, aber nie im großen Licht. Und scheinbar ist er genau mit dieser Rolle zufrieden.
Verheiratet, zwei Kinder. Kein Skandal. Kein Drama. Einfach: Howie.

AJ McLean – der Bad Boy. Hatte immer Probleme mit dem Selbstwert, war quasi das bandinterne Gegenstück zum braven, christlichen Brian. Heute spricht er offen über Sucht, Rückfälle und Therapie.
Er trägt Kleider und Nagellack, tanzt mit seinen Töchtern durchs Wohnzimmer und sagt:
„Ich bin einfach ich."
AJ ist nicht perfekt. Aber vielleicht ist er gerade deshalb der Einzige, der sich nie wirklich verstecken musste.
Seit 2011 ist er verheiratet – mit Höhen und Tiefen, aber durchgängig. Zwei Kinder.

Kevin Richardson – der große Bruder der Band. Und bis heute ihr Anker.
Auch er steht selten im Zentrum, aber meiner Sicht nach betreibt er Schadensmanagement:
Wenn AJ Drogen nimmt, wenn Perlman die Band

betrügt, wenn Brian von Verschwörungen faselt – **Kevin schwächt ab.**
Glaubhaft. Ruhig. Ohne Drama.
Er ist liberal eingestellt, setzt sich für die Rechte der LGBTQ-Community ein.
2006 verließ er die Band der Familie wegen – er hat zwei Kinder –, 2012 kam er zurück. Unaufgeregt. Und unersetzlich.

Brian Littrell – die Stimme der Band. Als Kind überlebte er nur knapp einen schweren Herzfehler – das prägte ihn und seinen Glauben. Er ist verheiratet, sein Sohn Baylee (geb. 2002) macht heute selbst Musik.
Früher der Liebling der Fans – heute für viele ein Problemfall.

Und mein Bezug zur Band?

Ich erinnere mich an ihre erste Single – und an meine Mutter, die beim Anblick der Gruppe nur sagte: **„Ach schade, ich dachte, das wären Schwarze."**
Tja, da standen sie also: Hochpolierte, durchgestylte Waschbrettbauchtypen. Der Sound versprach Soul, die Optik gab Zahnpasta-Werbung.
Und trotzdem: Sie sind ein Guilty Pleasure.
Ich mag Larger Than Life, Everybody – aber auch The Call oder Incomplete höre ich heute noch gern.
Sie sind für mich ein ironischer Teil meiner 90er-Jahre-Jugend – die Stars aus Amerika, um die man nicht herumkam.
Ihre Geschichte ist geprägt von Erfolgen und Abstürzen – genau das macht sie interessant.
Und natürlich hoffe ich, dass Brian irgendwann zur Besinnung kommt.

3.4 NSYNC – Justin & die vier anderen

Ja, Kapitel 3 hat die großen Namen – nach Take That und den Backstreet Boys nun also *NSYNC. Und wie immer fangen wir ganz vorne an.
Chris Kirkpatrick arbeitete nach eigenen Angaben im Freizeitpark der Universal Studios in Orlando. Wer jung und männlich war, nicht aussah wie Quasimodo und wenigstens ein bisschen singen konnte, lief in Orlando früher oder später Lou Pearlman über den Weg.
Pearlman suchte genau solche Typen für die Backstreet Boys – nur war Chris zu spät, die Band war schon voll. Er gab nicht auf, sondern schlug Pearlman vor, einfach noch eine zweite Boyband zu gründen.
Was ist besser als eine Boyband? Richtig – zwei Boybands! Pearlman war interessiert, hatte aber genug mit den Backstreet Boys zu tun, also sagte er sinngemäß: „Stell erst mal eine Band auf die Beine, dann sehen wir weiter."

Chris zog los und sammelte wie der Rattenfänger von Hameln Jungs ein. Er fand Justin Timberlake, der durch den Mickey Mouse Club bereits bekannt war – dort zusammen unter anderem mit Britney Spears, Christina Aguilera und Ryan Gosling.
Justin brachte seinen Freund JC Chasez aus derselben Disney-Bande mit.
Joey Fatone, ein Freund von Chris, kam ebenfalls dazu. Hartnäckig hält sich das Gerücht, Joey sei ein

Cousin von AJ McLean von den Backstreet Boys – bestätigt ist das nicht.
Als fünftes Mitglied kam zunächst Jason Galasso als Basssänger hinzu, doch kurz vor Vertragsunterzeichnung sprang er ab.

Der Bandname *NSYNC entstand aus den letzten Buchstaben der Vornamen:
Justi**N**, Chri**S**, Joe**Y**, Jaso**N** und J**C**.

Dass es nach Jasons Ausstieg nicht mehr passte, störte niemanden. Ersatz wurde schnell gefunden: Lance Bass. Über eine Gesangslehrerin in Mississippi, die wiederum eine Bekannte von Justin Timberlakes Mutter war, wurde Lance vermittelt.
Chris rief ihn an, buchte ein Ticket, und Lance flog quasi über Nacht zum Vorsingen nach Orlando. Nicht perfekt, aber hochmotiviert, optisch passend und anpassungsfähig – also war er dabei.

Pearlman war begeistert. Für ihn waren sie die Backstreet Boys 2.0. Der Vertrag wurde unterschrieben und die Jungs ins Boyband-Bootcamp geschickt: Gesangscoaching, Tanzstunden, Styling. 1996 erschien ihre erste Single – „I Want You Back" – natürlich zuerst in Deutschland.
Denn wenn Pearlman aus dem Backstreet-Projekt eines gelernt hatte, dann das: Deutschland war das ideale Testgelände für Boybands.
Ein kleiner, aber kaufkräftiger Markt, US-fixiert bis in die Haarspitzen – und mitten in Europa gelegen, perfekt zum Weiterexportieren in Nachbarländer.
Erst Europa, dann Amerika. So lautete der Plan.

„I Want You Back“ lief solide an – Platz 12 in den deutschen Charts. Wie durchdacht das Timing war, zeigt sich daran, dass der Song in den USA erst 1998 erschien, also fast zwei Jahre später. Da wusste man in Europa längst: Die Band funktioniert. Bis dahin war *NSYNC ein Pop-Experiment auf Zeit.

Im Februar 1997 folgte Single Nummer zwei: „Tearin' Up My Heart“. Platz vier in den deutschen Charts, Viva spielte das Video in Dauerschleife, Bravo druckte Poster im Akkord – und plötzlich waren *NSYNC die neuen Teenie-Lieblinge.
Das Video dazu? Justin und JC singen sich die Seele aus dem Leib, Joey macht Faxen, Chris turnt, Lance steht irgendwo hinten und guckt ernst.
Ihr Debütalbum dazu ging durch die Decke: Gold und Platin in mehreren Ländern. Die Backstreet Boys hatten Konkurrenz bekommen – und ironischerweise kam sie aus dem gleichen Stall.

Um auch endlich in der Heimat Fuß zu fassen, nachdem man Europa 1997 im Sturm erobert hatte, organisierte das Management der Band im März 1998 ein Disney-Channel-Special. Eine komplette Show der Band im Fernsehen – Millionen Kids sahen zu und waren begeistert. Das Debütalbum, das nun in den USA veröffentlicht wurde, schoss direkt auf Platz zwei der Billboard-Charts. *NSYNC waren nicht mehr die Europa-Band, sie waren Amerikas neue Lieblinge.

Zeitgleich brodelte es bei Pearlman. Die Backstreet Boys hatten, wie erwähnt, Konkurrenz bekommen – und merkten, dass sie viel zu wenig Geld sahen.

Sie verklagten Pearlman und trennten sich Ende 1997, Anfang 1998 von ihm. Außergerichtlich – man umging eine öffentliche Schlammschlacht, um das Gesicht zu wahren. Pearlman aber war angefressen. Sein Plan war offensichtlich.
BSB verlässt mich? Kein Problem. Ich habe neue Pferde im Stall – und die mache ich größer als die Vorgänger. Und das klappte erstaunlich gut.

Das Album lief, die Tour durch Amerika war ein dicker Erfolg. Doch Ende 1998 dämmerte es auch *NSYNC: Was Lou bei den anderen gemacht hatte, machte er auch bei ihnen. Faktisch bekamen sie ein Tages-Taschengeld von 35 Dollar, während sie Millionen einspielten.
Genau wie bei den Backstreet Boys hatte sich Pearlman auch hier als „sechstes Mitglied" der Band eintragen lassen und zog fröhlich alle Ausgaben der Tour von ihren Einnahmen ab.
Er verdiente am Ende mehr als die fünf Sänger zusammen. Chris sagte später sinngemäß in einem Interview: „Wir saßen in einer Limousine und konnten uns kaum etwas zu essen kaufen. Da wussten wir: Irgendwas läuft hier falsch."

Bis zum Sommer 1999 spielte man das Spiel noch mit, tourte, hatte TV-Auftritte – die Fassade vom American Dream blieb vorerst aufrecht. Dann reichte die Band Klage ein – gegen Pearlman, gegen seine Firma und gegen BMG. Das Ziel: sich von Management, Label und Knebelvertrag zu lösen.
Einziges Problem: Pearlman gab nicht nach. Er hatte die Rechte am Namen *NSYNC und war der Meinung, damit gehöre ihm die Band. Gefundenes Fressen

für die Presse: Lou gegen die Jungs – Runde zwei nach den Backstreet Boys.
Drohte ihnen jetzt sogar, ihren Namen zu verlieren? Wie bei den Vorgängern einigte man sich schließlich außergerichtlich.
Pearlman bekam eine saftige Abfindung, verlor aber die Band – und den Namen. *NSYNC wechselten zu Jive, dem Label, bei dem auch ihre ehemalige Konkurrenz nach dem Pearlman-Stress gelandet war.
Im März 2000 erschien das Album „No Strings Attached" – eine direkte Ansage: keine Marionetten mehr. Der Hype war riesig, das Album verkaufte sich in den ersten Tagen 2,4 Millionen Mal – ein Rekord, der 15 Jahre lang Bestand haben sollte.
Mit „Bye Bye Bye" veröffentlichte man einen musikalischen Mittelfinger in Richtung Pearlman. Die Tour dazu war innerhalb von Minuten ausverkauft. Pyrotechnik, fliegende Plattformen, Outfits zwischen Space, Latex und Wasauchimmer – die Show war bombastisch.
Die Band wirkte erwachsener, dominanter, stilbewusster. Justin trat immer deutlicher als Frontmann hervor, während JC zum Co-Star wurde. *NSYNC waren ganz oben angekommen – und von dort ist die Fallhöhe bekanntlich groß.

Wie sollte man so ein Album noch toppen?
„Celebrity" erschien im Juli 2001. JC und Justin hatten viele Songs mitgeschrieben oder produziert, die anderen drei gab es auch noch irgendwie. Man wollte noch cooler sein, weg vom Teenie-Disney-Image, hin zur MTV-Band.
Auch hier wieder: erste Woche, 1,8 Millionen Verkäufe, Platz eins – alles stark, aber eben keine 2,4

Millionen mehr. Für die Medien war es längst „Justin und *NSYNC“ geworden.
JC war musikalisch vielleicht sogar stärker als Justin, aber er stand im Hintergrund. Lance plante einen Flug ins All, Joey hatte Fernsehauftritte und Theaterrollen, Chris überlegte, eine Punkband zu gründen. Eine gemeinsame Richtung? Fehlanzeige.
Und das nächste Album? Hieß „Justified“ und war von Justin Timberlake – Solo. 2002 räumte er mit seinem Soloalbum richtig ab. Kritikerliebling, Charterfolg, Imagewechsel.
SexyBack war noch nicht da, aber klar war: Boyband war durch.
*NSYNC? Die sagten, sie seien nicht getrennt, sie machten nur eine Pause. Eine Pause, die bis heute andauert. „Celebrity“ blieb das letzte Album der Band. Demos kursierten in Fankreisen, aber offiziell herrschte Funkstille. Kein viertes Album, keine Abschiedstour, kein großer Knall, kein Streit – nur ein klarer Gewinner: Justin Timberlake.

Was kam nach *NSYNC?

Justin Timberlake
Seine gescheiterte Beziehung zu Britney Spears verarbeitete er öffentlichkeitswirksam: Cry Me a River, die zweite Single seines ersten Soloalbums, wurde zur medienwirksamen Abrechnung – inklusive Britney-Double im Video.
Das Album schlug ein wie eine Bombe. Und auch das zweite war ein Hit. SexyBack wurde zum Megaseller. Die Presse feierte ihn als **den neuen Michael Jackson**. Auch als Schauspieler fasste er Fuß – The

Social Network, In Time, Friends with Benefits –, kein Oscar, aber durchaus solide.
Dazu kamen eine Modelinie, Tequila-Produktion, eine eigene Medienfirma. 2013 kehrte er zur Musik zurück, gewann einen Grammy.
Ob er je wieder so erfolgreich war wie zu Beginn? Nein. Aber **immer noch erfolgreicher als 95 % aller anderen Künstler.**
Sein Good-Guy-Image hielt erstaunlich lange – bis 2021. In einer Doku erhob Britney Spears schwere Vorwürfe: Er habe sie zu einer Abtreibung gedrängt, als sie schwanger von ihm war.
Und doch: Justin ist einer der ganz wenigen, die das Boyband-Image komplett abgeschüttelt haben.
Wenn man ihn heute sieht, sieht man nicht den Typen aus NSYNC. Man sieht **Justin Timberlake**.

JC Chasez
Wenn Justin durchstartete – dann doch bestimmt auch JC? Nicht ganz.
2004 erschien sein erstes Soloalbum – ein bisschen wie Prince auf Zuckerschock.
Aber Justin war gerade Everybody's Darling. Und JC? Wirkte wie der schräge Cousin, der zu spät zur Party kam. Das Album floppte.
Er war später in diversen Juryrollen im US-TV zu sehen, schrieb Songs, produzierte – unter anderem bei Justins Label „Tennman Records“. Ironie pur.
Vielleicht war JC sogar der stärkere Sänger. Aber Justins Schatten war zu groß.
Ein bisschen tragisch. Aber **vermutlich trocknet er seine Tränen mit 100-Dollar-Scheinen.**

Lance Bass
Er wollte der erste Popstar im All werden – mit den Russen.
Die NASA rollte mit den Augen, Sponsoren sprangen ab, und Moskau wollte am Ende doch lieber echte Kosmonauten losschicken.
Lances Höhenflug wurde gebremst – und er wurde ein Meme, noch bevor es Memes gab.
Dafür war er bei Dancing with the Stars, in zahllosen Talkshows, und spätestens seit seinem Outing 2006 war klar:
Lance ist der nette, queere Boyband-Onkel von heute.
2014 heiratete er seinen Partner, 2021 wurden mithilfe einer Leihmutter Zwillinge geboren.
Er ist präsent, medienfreundlich, charmant – **und eine der angenehmsten Repräsentationsfiguren**, die je aus einer Boyband hervorgingen.

Joey Fatone
Joey nahm sich und seine Rolle **nie zu ernst** – und das machte ihn sympathisch.
Er ging zum Theater, spielte in Musicals, hatte kleine Film- und TV-Rollen (My Big Fat Greek Wedding), moderierte Gameshows.
Er ist an Cateringfirmen und Restaurants beteiligt, tritt regelmäßig bei Retro-Events und TV-Formaten auf. Er ist **der ewige Entertainer**, nie der Star, aber **immer einer, der das Publikum mag.**
Und: einer der wenigen, die bei Ruhm und Glamour **bodenständig blieben.**

Chris Kirkpatrick
Er brachte die Band zusammen – und war der Erste, der nach dem Hype auf der Strecke blieb. Chris versuchte sich mit einer Alternative-Rockband namens Nigels 11 vom Boyband-Image zu lösen. Die Musik? Nicht schlecht. Aber eben auch **nicht der große Wurf.**
Hier und da trat er auf, synchronisierte Zeichentrickfiguren (Cosmo aus The Fairly OddParents), machte Reality-TV – aber blieb der, den man am seltensten nannte, wenn man an NSYNC dachte.
Er lebt eher zurückgezogen, ist verheiratet, hat ein Kind – und wirkt, als hätte er mit seinem Weg längst Frieden geschlossen.
Er war der Gründervater. Und später oft der Letzte, an den man sich erinnerte.

Meine Beziehung zur Band? Zwiegespalten.

Ich erkenne ihren Ruhm an. Und ja – die Anfangszeit mochte ich: I Want You Back, Tearin' Up My Heart – damals nett, heute ein nostalgischer Kick.
Aber schon als Teenager war *NSYNC für mich: der niedliche Justin, der schöne JC – und drei andere Typen, die etwas untalentierter, etwas hässlicher wirkten und in meinem Kopf sicher Kevin, Aaron und Chris hießen. Überraschung: Einer hieß tatsächlich so.
Spätestens seit ihrem Imagewechsel und der Unabhängigkeit von Perlman verloren sie mich.
Nicht, weil ich Perlman-Fan war – ganz sicher nicht – aber mit dem neuen Sound, dem polierten Image, dem Choreografie-Overkill konnte ich wenig anfangen.

Bye Bye Bye? Klar, okay – nie mehr als das.
Natürlich feiere ich es, wenn Deadpool zu dem Song mit einem Wolverine-Skelett Leute verprügelt.
Aber zum Beispiel Pop? Klingt wie ein Cola-Werbespot mit Tanzpflicht. Absolut nicht meine Musik.
Perfekte Tänzer, keine Frage. Aber für mich immer nur die Nummer zwei.
Die Backstreet Boys haben mir mehr Hits geliefert, die ich heute noch mitsummen kann – und auch mehr Charaktere, die mir im Gedächtnis blieben.
Vielleicht liegt es auch daran, dass *NSYNC für mich immer ein bisschen „weg“ war.
Die haben hier angefangen – bei Bravo TV, sangen in irgendeinem Kinderzimmer in Castrop-Rauxel ‚The Lion Sleeps Tonight‘, und plötzlich waren sie Weltstars. Und Deutschland? Vergessen.
Justin als Solokünstler – das war dann der Sound meiner Zwanziger.
Aber NSYNC? Ja. Nett. Ja, sie waren da. Haben Geschichte geschrieben. Aber meine ist eine andere. Ich bleib Team Brian, AJ und Nick.

3.5 LFO – Die, die das Schweigen brachen

LFO – kurz für Lyte Funkie Ones – kennt hierzulande kaum jemand. Und doch kriegen sie bei mir einen Platz. Nicht, weil sie musikalisch so wichtig waren. Sondern wegen dem, was sie mit Lou Pearlman durchmachten.
Aber von vorn.

Diese Band wurde nicht gecastet. Sie fand sich selbst – was im Boyband-Kosmos schon fast revolutionär klingt.
Brian „Brizz" Gillis war in Massachusetts in der Hip-Hop-Szene unterwegs. Er kannte **Rich Cronin**, der ebenfalls aus dem Staat kam. Über ein paar Umwege stieß **Brad Fischetti** dazu. Drei Jungs, eine Idee – fertig war die Band.

Lou Pearlman nahm sie 1995 unter Vertrag. Damals hatte er mehrere Eisen im Feuer – und LFO war das mit Abstand kühlste. Er glaubte nicht wirklich an sie. Und vielleicht gerade deshalb ließ er ihnen mehr Freiheiten als seinen anderen Projekten. Während Pearlman bei den Backstreet Boys Millionen in Image, Musik und Vermarktung steckte, bekam LFO nur Reste: Studiozeiten nach Feierabend, kein Werbebudget, keine Strategie.

Also tingelte die Band auf eigene Faust durch Supermärkte und Highschools. Sie versuchten, irgendwie sichtbar zu werden – eine Boyband als D.I.Y.-Projekt.

1997 veröffentlichten sie drei Singles. Die liefen komplett unter dem Radar. Keine Charts, keine Läden, nur handverteilte CDs bei Meet & Greets.

Brian wurde frustriert. Er sah, was Pearlman bei anderen Bands möglich machte – und was er ihnen verwehrte. Irgendwann hatte er genug und stieg aus. Pearlman? Dem war das wohl egal. Aber ganz ließ er das Projekt nicht fallen. Er veranstaltete ein kleines Casting – und holte **Devin Lima** dazu. Die Band war wieder zu dritt.

Und dann passierte etwas Unerwartetes.
Rich Cronin schrieb aus Langeweile einen Text. Einfach so, im Tourbus oder im Hotelzimmer. Ohne Reim, ohne Struktur – ein Nonsens-Mix aus Popkultur, 80s-Referenzen, Klamottenmarken (Abercrombie & Fitch), Sommer-Vibes und nostalgischem Blödsinn.
Niemand dachte, dass daraus ein Hit werden würde. Aber irgendjemand schickte den Song – **„Summer Girls"** – an einen Radiosender in Washington. Und der spielte ihn. Dann spielten ihn alle.
MTV liebte das Video: Strand, Sonne, hübsche Jungs. Es passte perfekt ins Jahr 1999. Die Backstreet Boys und NSYNC hatten den Weg geebnet – jede halbwegs tanzbare Boyband bekam zu der Zeit ihre Chance.

„Summer Girls" wurde einer der US-Sommerhits des Jahres. **Platz 3 in den Billboard-Charts. Über eine Million verkaufte Singles.**
Das Album wurde schnell hinterhergeschoben. Es verkaufte sich rund **2,5 Millionen Mal weltweit.** In

Europa? Ein kurzes Zucken in den Charts – mehr nicht.

Mit Devin Lima war der Sound poppiger geworden. Die Kombination aus eingängigen Hooks und absurden Texten funktionierte – eine kleine Nische im Boyband-Universum. Doch die hielt nicht lang.
Erst **zwei Jahre später** erschien das zweite Album, Life Is Good (2001). Es sollte ein Wendepunkt werden. Reifer, ernster, musikalisch glaubwürdiger. Nur: **Niemand wollte ein ernstes LFO.**
Das Album floppte. Kein Hit, keine mediale Präsenz. Und so versandete das Projekt.

2002 löste sich die Band still auf. Kein Drama, kein Statement – einfach Funkstille.
Und wenn man ehrlich ist: **Vermisst hat sie niemand.**

Und nach LFO?

Rich Cronin - Nach LFO versuchte Rich Cronin, wieder anzufangen – mit Musik, mit einem eigenen Sound, mit anderen Themen. Es klappte nicht. Nicht, weil ihm das Talent fehlte. Sondern weil seine Zeit vorbei war – und weil er nicht mehr in das System zurückwollte, das ihn krank gemacht hatte. Als er ging, hatte er kein Chartplatzierung mehr. Aber eine Stimme. Und das war vielleicht mehr, als vielen anderen blieb. Er starb im Jahr 2010 an Leukämie. Mit ihm starb eine der lautesten Stimmen die gegen Lou Perlman stand.

Devin Lima – Er war der, den man erst erkannte, wenn man genau hinhörte. In der Hochglanzwelt von LFO war er der mit der Stimme, mit dem Blick für das Schöne, mit den Ideen, die zu seltsam waren für den Mainstream. Nach dem Ende wollte er Musik machen, die ihn selbst berührte – nicht die Charts. Das klappte nie wirklich. Aber vielleicht ging es ihm auch nie darum. Als er 2018 an Krebs starb, war es still. Viel zu still für jemanden, der so gern gespielt hat – mit Tönen, mit Bildern, mit sich selbst.

Brad Fischetti – Er wurde nie der lauteste in der Band – und war es auch danach nicht. Kein Soloalbum, keine Castingshow, keine Skandale. Nach LFO fand er Halt im Glauben – und eine neue Rolle: als Hüter des Andenkens. Als Devin starb, war er der Letzte. Und er wusste: Er kann LFO nicht allein weiterführen. Aber er kann erinnern. Und genau das tut er bis heute. Leise. Würdevoll. Und manchmal mit einem Song im Herzen, den keiner mehr hören will.

Brian Gilles – Er war Mitgründer, Stimme der frühen Songs – und doch war er schon weg, bevor der Erfolg kam. Was danach kam, ist kaum dokumentiert. Kein Comeback, keine Klage, kein Skandal. Nur Stille. Als er 2023 starb, erinnerte man sich kurz an ihn – und vergaß ihn wieder. Vielleicht war das genau so, wie er es wollte.

Perlman und der Missbrauch

Was LFO besonders macht, ist nicht, was sie musikalisch leisteten – sondern was sie später erzählten. Über Pearlman. Über Verträge. Über Druck. Und über Dinge, über die sonst niemand sprach.
2005, in einem Radiointerview bei der Howard Stern Show, packte Rich Cronin aus.
Er sprach davon, dass er trotz Millionenverkäufen durch Pearlmans Verträge weniger Geld auf dem Konto hatte als zuvor.
Pearlman habe die Jungs gegeneinander ausgespielt, ständig suggeriert, es ginge „bald richtig los" – aber das Geld kam nie.
Sie alle hätten das Gefühl gehabt, ihm alles zu verdanken – weil er sie „entdeckt" hatte.

Die eigentliche Bombe aber war, dass Cronin Pearlman als Perversling bezeichnete. Er blieb vage, machte aber deutlich: Pearlman habe sich an sie herangemacht.
Cronin erzählte von Situationen, in denen Pearlman sich im selben Raum umzog, während die Jungs anwesend waren. Von Massagen, die er einforderte. Von sogenannten „Wrestling-Moves", bei denen er sich auf einen drauflegte – angeblich „für den Erfolg". Im Klartext: sexuelle Übergriffigkeit unter dem Deckmantel von Macht.

Er war einer der Ersten, der offen aussprach, was viele in der Branche längst ahnten – aber niemand laut sagte.
Cronin beschrieb Pearlman als jemanden, bei dem sich der Ekel schon mit dem Schatten in den Raum

schob. Einer, der zu viel Macht hatte und zu wenig Grenzen. Und alle wussten es. Nur niemand sagte etwas – damals.
Doch Cronin wurde kaum gehört. Vielleicht, weil er es mit Sarkasmus erzählte. Vielleicht, weil LFO nie groß genug waren, um ernst genommen zu werden. Und vielleicht auch, weil Pearlmans Einfluss 2005 noch zu stark war. Keiner wollte der Erste sein, der wirklich dagegenhielt.
Was oft übersehen wird: Cronin war nicht nur einer der Ersten, die überhaupt über sexuellen Missbrauch durch Lou Pearlman sprachen – sondern auch einer der ersten Männer, die das Bild vom „starken Mann" aufbrachen. Er war heterosexuell, durchtrainiert, beliebt. Kein vermeintlich „schwaches" Opfer. Und genau das machte seine Geschichte so wichtig – und so unbequem.
Ein junger Typ mit Waschbrettbauch, der von einem alten, übergewichtigen Mann sexuell bedrängt wird: Das rüttelt am Selbstbild. An dem, was Männlichkeit sein soll. An der Illusion, Männer könnten nicht Opfer sein – und wenn doch, seien sie keine „echten" Männer mehr.

Vielleicht war es dieser Konflikt, der Cronin dazu brachte, es erst ironisch zu erzählen. Vielleicht war es auch Selbstschutz. Aber dass er es überhaupt tat, zählt. Und hätte viel lauter gehört werden müssen.
Jane Carter, Mutter von Nick und Aaron, veröffentlichte später ihre eigene Autobiografie. Auch sie schrieb, dass ihre Söhne sexuell belästigt worden seien – nannte jedoch keinen Namen.
Die Medien tippten auf Pearlman. **Nick Carter** selbst schwieg.

Aaron Carter hingegen verteidigte Pearlman noch nach dessen Tod. Ein „guter Mann“ sei er gewesen, „nie habe er ihm etwas getan“. 2019 und 2020 postete Aaron dann mehrfach auf Social Media, er sei doch missbraucht worden – nannte aber keine Täter.
Auch hier: ein diffuses Bild. Aaron war zu dieser Zeit bereits psychisch labil, abhängig, öffentlich entgleist.

Lance Bass von NSYNC stellte sich nicht hinter Pearlman, sagte aber, er habe nie etwas in der Richtung mitbekommen – schloss aber auch nicht aus, dass es anderen passiert sein könnte.

Marc Terenzi von Natural äußerte sich 2025 erstmals offen: Pearlman habe ihn körperlich inspizieren wollen – um zu prüfen, ob er „fit genug“ sei. Auch habe er versucht, ihm Massagen aufzudrängen. Terenzi lehnte ab, betonte aber, es sei bei ihm nie zu einer Eskalation gekommen.

Nach Cronin war **Jay Khan** der Nächste, der offen über sexuelle Übergriffigkeit durch Lou Pearlman sprach.
In seiner Autobiografie ‚Tariq und ich‘, erschienen 2025, schildert er, wie Pearlman ihn in dessen Villa körperlich bedrängte – mit einer Hand im Schritt, einem Kuss auf die Brust.
Keine vagen Andeutungen, sondern konkrete Grenzüberschreitungen. Jay habe klar „Nein“ gesagt und sich der Situation entzogen.
Dass er damit an die Öffentlichkeit ging, ist wichtig – gerade weil männliche Opfer bis heute oft schweigen oder nicht ernst genommen werden. Und doch wirkt der Moment seines Sprechens zwiespältig: Es ist über

ein Jahrzehnt vergangen, seit Pearlmans Tod, und die Veröffentlichung fällt mitten in die Promophase seines Buchs. Dass manche diesen späten Zeitpunkt kritisch betrachten, ist nachvollziehbar.

Dabei darf man nicht vergessen: Als Rich Cronin 2005 sprach, war US5 auf dem Höhepunkt – und Lou Pearlman hatte in Europa noch Macht. Es ist durchaus möglich, dass das, was Jay beschreibt, erst danach geschah. Und dass es gute Gründe gab, lange zu schweigen: Angst, Scham, Abhängigkeit. Gerade als jemand, der im öffentlichen Bild stets besonders „männlich" inszeniert wurde, war dieser Schritt vermutlich alles andere als leicht.
Man kann sich fragen, warum er so lange gewartet hat. Aber man darf ihm nicht vorwerfen, dass er es überhaupt erzählt hat.
Vielleicht kam seine Stimme spät – aber sie fehlte lange. Gerade **Rich Cronin** hätte sich sicher über einen Unterstützer gefreut, der seine Geschichte untermauert hätte. Dennoch zählt Jays Stimme. Opfer von Gewalt müssen selbst entscheiden, wann – und ob – sie bereit sind, über ihre Erlebnisse zu sprechen.
Aber: Die Chance ist vorbei. **Pearlman lebt nicht mehr.** Und rechtlich bleibt festzuhalten: **Er wurde nie angeklagt, nie verurteilt.**
Das ist kein Freispruch – aber eben auch der verpasste Moment, einen mutmaßlichen Täter auch juristisch als solchen benennen zu können.

Was Pearlmans Sexualität betraf – vermutlich war er homosexuell. Er umgab sich fast ausschließlich mit jungen Männern, hinterließ keine Frau, keine Kinder. **Michael Johnson**, ehemaliges Mitglied von Natural, lebte noch Jahre nach der Auflösung der Band bei ihm in der Villa. Vielleicht war er emotional abhängig. Vielleicht war es ein System gegenseitiger Illusion. Von Missbrauch hat man von ihm nichts gehört. Aber man fragt sich natürlich: Warum ließ Pearlman ihn dort? Er war nicht gerade als Good Guy bekannt. Johnson war nicht der Einzige. Es war gang und gäbe, dass junge Männer, die von einer Karriere im Musikbusiness träumten, in der Pearlman-Villa lebten. Vielleicht wird eines Tages noch jemand darüber sprechen. LFO taten es – **das allein reicht, um ihnen hier einen Platz zu geben**.

4. Ableger und Auswüchse der 90er – Der europäische Markt und seine lokalen Boybands

Wenn die Backstreet Boys die großen Brüder waren, dann waren Gruppen wie Touché oder Caught in the Act die kleinen Cousins aus der Nachbarschaft – ein bisschen weniger Glamour, aber trotzdem eingeladen zur großen Bravo-Gartenparty.
Der europäische Markt wollte mitspielen. Und wie! Plötzlich wurden überall Mini-Boybands gegründet. Das Rezept war einfach: fünf Jungs, möglichst einfühlsam gucken, gut tanzen, und das Herz immer am rechten Fleck.
Dazu eine Ballade über Trennungsschmerz – und schon war man bereit für die Charts.

Touché ist das wohl bekannteste deutsche Beispiel. 1996 von Dieter Bohlen persönlich gecastet – ja, genau der Dieter –, wurde die Band zunächst ein bisschen belächelt.
Fünf Typen mit Mittelscheitel, Kunstleder und einem Namen, den niemand richtig aussprach. Und doch: Innerhalb weniger Jahre verkaufte die Gruppe über **5,4 Millionen Tonträger** – mehr, als viele ihnen zugetraut hätten. Ihre Single ‚This Goodbye is not Forever' schaffte es bis auf Platz 6 der deutschen Charts und wurde 1997 zur meistverkauften Single einer deutschen Boyband.
Bohlen hatte also mal wieder recht: Der Markt war da.

Noch smarter ging es **Caught in the Act** an. Die Jungs – ein Mix aus britischen und niederländischen

Mitgliedern – waren eine gecastete Gruppe, ganz klassisch. Aber das Management dachte weiter: Warum nicht direkt dort auftreten, wo die Zielgruppe eh schon ist?
In diesem Fall: „Gute Zeiten, schlechte Zeiten". Die Band bekam eine kleine Nebenhandlung in der Soap, durfte regelmäßig auftreten – und plötzlich war ‚Love is Everywhere' ein Hit, der sich **26 Wochen in den deutschen Top 10** hielt.
Im Fahrwasser dieser Beliebtheit verkaufte die Gruppe rund **2,5 Millionen Tonträger allein in Deutschland** – und füllte große Hallen, ohne jemals ein einziges ernsthaftes Interview in der Süddeutschen gegeben zu haben.

Worlds Apart wiederum versuchte es mit einem paneuropäischen Konzept: Vier Jungs als Europaband, damit sich wirklich jedes Mädchen in Europa einen Liebling „nach Nationalität" aussuchen konnte (Spoileralarm für die Bandbio: die kamen alle aus England).
Ob das charmant oder kalkuliert war? Vermutlich beides. Jedenfalls klappte das in Frankreich ziemlich gut – dort erreichte ihr Album Everybody 1996 Platin. In Deutschland dagegen war Worlds Apart eher ein Soundtrack für Nebenbei-Momente – bekannt wurde vor allem ihr Song aus dem Abspann der Serie Gegen den Wind. Ein bisschen Fame ist auch Fame.

Dann gab es noch **East 17** – das Anti-Take-That. Während andere Boybands brav lächelten, trugen die Jungs von East 17 Bomberjacken und Mützen wie aus dem Londoner Underground. Tony Mortimer war der kreative Kopf, Songwriter, Gründer – aber das Label entdeckte bald einen anderen als Liebling: Sänger Brian Harvey. Der bekam mehr Screentime, mehr Bravo-Interviews, mehr Applaus. Die Spannung in der Gruppe wuchs, und irgendwann zerbrach das fragile Konstrukt. Aber nicht, ohne vorher Großes geleistet zu haben: Mit Stay Another Day landete East 17 1994 einen Weihnachts-Nummer-1-Hit in Großbritannien – einen von **über 20 Top-10-Hits weltweit**, darunter **acht allein in Deutschland**.

Ihre Alben verkauften sich **weltweit über 3 Millionen Mal** – davon ein ordentlicher Batzen im deutschsprachigen Raum.

All diese Bands zeigen vor allem eins: Der Markt war da. Und er war riesig. Es ging nicht nur um Musik, sondern um **Inszenierung**. Die Medienwelt der 90er war die perfekte Bühne. Jugendliche in Deutschland hatten MTV, später VIVA, und vor allem: die Bravo. Die Bravo war kein Magazin – sie war ein Heiligtum. Jede Woche neue Poster, neue Interviews, neue Träume.

Man konnte als Label exakt bestimmen, wen Teenager sehen sollten – wie sie ihn sehen, wann, in welchem Licht. Da gab es ein Bravo-Interview mit dem „sensiblen Typen", ein Musikvideo auf Rotation, ein Auftritt bei Top of the Pops – und das Bild war komplett: harmlos, hübsch, zugänglich. Und immer auf Sendung.

Doch dann kam Stephen Gately. Der Sänger von Boyzone outete sich 1999 – ein kleiner Satz in einem Magazin, der in der Popwelt dennoch Wellen schlug. Die 90er waren das Jahrzehnt der perfekten Illusion: fünf Jungs, fünf Rollen, fünf Mal Projektionsfläche.

Und plötzlich war da jemand, der sagte: „Ich bin schwul." Für viele Fans kein Problem – für die Industrie aber ein Bruch. Die makellose Posterwelt bekam Risse. Die Boybands wurden real – und zeigten damit: Wir sind mehr, als ihr denkt. Aber wollt ihr das wirklich sehen?

Zwischenspiel: Deutschland – Land der Boybands, aber die Bravo liebt Joey, nicht Jürgen

Warum gab es eigentlich nie eine deutsche Boyband, bestehend aus ganz normalen, rein deutschen Jungs? Nicht „rein deutsch" im Sinne irgendeiner Blut-und-Boden-Fantasie, sondern schlicht: aus dem Land, in dem sie auftraten.
Mit Namen, wie man sie aus der Klassenliste kannte. Mit Stimmen, die man aus dem Musikunterricht erinnerte. Mit Gesichtern, die auch auf dem Schulfest auftreten könnten – und zwar nicht verkleidet. Wenn es deutsche Boybands gab – oder zumindest Gruppen, denen man einen deutschen Anstrich verpasst hatte – dann war der deutsche Teil immer im Hintergrund. Als schmückendes Beiwerk. Als Quoten-Vertreter. Selten als Projektionsfläche. Fast nie als Star.
Bed & Breakfast? Ein erster Versuch. Zögerlich. Halbherzig. Einer war blond und hieß Florian, aber der Fokus lag meist auf dem Exotischeren. Auf dem Internationaleren. Auf dem Nicht-Deutschen.

Overground? Meiko. Talentiert, charmant – aber eben: der Ruhige, der Unsichtbare. Wer erinnerte sich zehn Jahre später noch an seine Stimme?

Touché? Auch hier sangen in der Hypezeit die mit US-Background die Leads. Die deutscheren Namen standen hinten, gaben Background, lächelten brav.
US5? Chris Watrin war die große Ausnahme: der deutsche Junge als Identifikationsfigur. Neben Richie war er das Poster-Gesicht. Er tanzte, sang, flirtete. Er durfte Popstar sein – ausnahmsweise.
Aber er kam auch erst sehr spät, als der Zeitgeist sich änderte.

Und sonst? Wenn man ehrlich ist, dann waren deutsche Boybands vor allem eins: auffällig divers. Manchmal fast schon kalkuliert divers.
Die exotischen Vornamen, die englischen Lyrics, die internationale Verpackung – und mittendrin ein oder zwei deutsche Jungs, die hießen wie dein Zahnarzt.
Es ging ja auch anders. Caught in the Act zum Beispiel: vier weiße Jungs, ohne Token, ohne erzwungener Quote. Aber eben auch: nicht aus Deutschland. Die waren niederländisch-britisch. Die durften sich das leisten.
Da war „weiß" noch neutral, nicht deutsch. Denn das ist der feine Unterschied: Weiß – amerikanisch? Cool. Weiß – deutsch? Puh, lieber nicht.

Doch warum war das so? Warum klappte im Land der Bravo, im Land der Big-in-America-Castingshows, im Land von Lou-Pearlman-inspirierten Bootcamps nie ein rein deutsches Boybandprojekt?
Warum gab es keine Band mit Jens, Uwe, Karsten und Ingo – die auf der Bühne standen, tanzten, schmachteten und dabei ernst genommen wurden?

Nach meiner persönlichen Einschätzung – und ja, das ist eine freie Deutung, kein wissenschaftlicher Beleg – liegt das an der deutschen Nachkriegskultur.
Ein Blick zurück: Vor den Weltkriegen war Deutschland eine Kulturnation.
Ein Land, das Maßstäbe setzte. Metropolis, Nosferatu, Fritz Lang, Murnau – Weimarer Glanz.
Aber nach 1945 lag das Land am Boden. Politisch. Moralisch. Kulturell. Und was dann kam, war nicht Innovation, sondern Entschuldigung in Zelluloid: Heimatfilme. Spießigkeit. Heintje, der seiner Mama ein Lied sang.
Heino mit Sonnenbrille und Volksmusik. Die Flippers. Roy Black. Weltmännisch war höchstens ein „Hossa hossa" bei einer Fiesta Mexicana.

Deutsch war nicht cool. Deutsch war verdächtig. Und wenn schon nicht verdächtig, dann peinlich. Oder altbacken. Die Sehnsucht war amerikanisch. Man trank Coca-Cola, nicht Malzbier.
Man ging zu McDonald's, nicht zur Eckkneipe. Man wollte Star Wars, nicht einen deutschen Film mit Sascha Hehn. Hollywood war das Ziel – Deutschland der Umweg. Die Helden hießen Rocky, Rambo, Luke. Nicht Ingo. Nicht Jürgen. Und ganz sicher nicht Karsten.

Popkultur? Nur als Import gut. Die Bravo war voll mit amerikanischen Träumen: Joey, Justin, Robbie, Nick. Wenn Deutsche auftauchten, waren sie entweder lustig – oder lächerlich. Otto. Die Doofen. Guildo Horn. Und wenn sie ernst genommen wurden, dann wenigstens unter falschem Namen: Die Ärzte. Nicht Jan und Dirk – sondern Farin und Bela. Ironisch ge-

brochen. Absichtlich überhöht. Denn eine Boyband mit Thorsten, Ulf, Jens und Rainer aus Goslar?
Unvorstellbar. Da wäre kein Mädchen in Ohnmacht gefallen. Vielleicht in Verlegenheit. Aber sicher nicht in Ekstase.

Gab es **echt** gar keine Band, die dem widersprach? **Echt** nicht? Ich erwähne das Wort „echt" nicht unabsichtlich mehrfach. Denn vergesst alles, was ich gerade gesagt habe – jetzt kommen sie: Kim, Kai, Andreas, Florian und Gunnar.
Fünf Jungs aus Flensburg. Mit Gitarren. Mit echten Namen. Mit deutscher Sprache. Mit melancholischen Blicken. Mit echten Gefühlen. Und plötzlich war „echt sein" keine Schwäche mehr – sondern ein Verkaufsargument.
Ein Zufallsprodukt, das zeigte: Man kann deutsch sein. Man kann Kai oder Gunnar heißen. Man kann traurig gucken und deutsch singen. Und trotzdem Bravo-Poster füllen.
Während Natural gekünstelt „authentisch" ihre geölten Bauchmuskeln präsentierten, spielten die fünf Jungs aus dem Norden einfach Songs. Sie wollten in keine Schublade gesteckt werden – und landeten doch in einer. Aber das lesen wir später in ihrer Bandbiografie.
Was Echt jedoch geschafft haben, war für mich wegweisend. Sie brachten etwas ins Rollen. Sie zeigten den Plattenfirmen: Man kann deutsch singen. Man kann Gunnar heißen. Und man kann damit Geld verdienen, auch bei den Teenagern.

Anfang der 2000er tat sich etwas. Ein neues Selbstverständnis wuchs. Langsam. Zögerlich. Und dann: 2006. Das Sommermärchen. Die Welt zu Gast bei Freunden. Ein deutscher Stolz kehrte zurück – ganz ohne Altlasten und Nazifantasien. Einfach: Wir sind da. Wir haben eine schöne Sprache. Und wir haben auch Stars. Vielleicht gehören sie nur uns. Aber sie sind trotzdem cool.

4.1 Worlds Apart – Eine Band wie Napoleon… Im französischen Exil

1992: Die New Kids on the Block hatten es vorgemacht, Take That machten es nach – mit Erfolg. Es war nur eine Frage der Zeit, bis erste Ableger versuchten, vom Boyband-Boom zu profitieren. Musikmanager **Gary Wilson** wollte Konkurrenz schaffen und gründete seine eigene britische Gruppe: Worlds Apart.

Die Band hatte allerdings von Beginn an personelle Schwierigkeiten. Früh schieden Mitglieder aus, neue kamen dazu – bis sich ein erstes halbwegs stabiles Line-up herauskristallisierte: **Steve Hart**, **Schelim Hannan**, **Patrick Osborne** und **Dan Bowyer**.
1993/94 versuchte man, in Großbritannien Fuß zu fassen. Vier Singles erschienen – allesamt Cover bekannter Songs:
„Heaven Must Be Missing an Angel", „Everlasting Love", „Wonderful World" und „Could It Be I'm Falling in Love".
Keiner der Songs wurde ein Hit, aber auch keiner ein völliger Reinfall. Man pendelte irgendwo zwischen Platz 20 und 40 – das ist für eine Boyband in etwa so aufregend wie lauwarmer Tee.

Musikalisch war es eine seltsame Mischung: Soul- und Disco-Klassiker im Weichspülgang – die Band klang wie das Vorprogramm einer Las-Vegas-Show im Nachmittagsprogramm. Take That hatten eigene Songs, eine klare Handschrift – Worlds Apart hin-

gegen wirkten wie das Ergebnis eines Musiklehrerseminars mit Karaokeabschluss.
Im Frühjahr 1994 erkannte man schließlich, dass das Projekt in England nicht zündete.
Dan und **Patrick** gingen – oder wurden gegangen. Neu dazu kam **Cal Cooper**. Auch **Nathan Moore** stieg ein – zunächst als Manager, später auch als aktives Mitglied.
Nein, nicht im Lou-Pearlman-Stil, bei dem der Manager als „Bandmitglied“ auf der Gehaltsliste stand, ohne je das Mikro zu berühren. **Moore sang und tanzte wirklich**.
Er hatte mit der Prä-Boyband Brother Beyond Ende der 80er zwar kein nachhaltiges Kapitel Popgeschichte geschrieben, dafür aber Erfahrung gesammelt. Und jetzt war er zurück – in doppelter Rolle.

Die Plattenfirma **Arista UK** beschloss, das Projekt in eine kontinentaleuropäische Richtung zu drehen. Was in England nicht funktionierte, würde ja vielleicht auf dem Rest des Kontinents besser ankommen.
Und tatsächlich: Mit dem zweisprachigen Cover **„Je te donne“** landete man in **Frankreich** einen Top-Ten-Hit. Auch **„Baby Come Back“** (erneut ein Cover) lief gut. Die Band wurde poppiger, der Sound massentauglicher, die Zielgruppe klarer: französische Teenager.
Noch im selben Jahr erschien dort auch das erste Album ‚Together‘.
Deutschland musste sich bis 1995 gedulden – wurde dann aber ebenfalls mit Bravo-Postern, TV-Auftritten und Aufkleberbogen beglückt.

Kein Wunder, dass viele deutsche Fans dachten, Worlds Apart sei eine französische Band. Sie sangen auf Französisch, gaben französische Interviews, traten in französischen TV-Shows auf – und waren einfach **nicht Take That**.

Die Besetzung zur Hochphase (1994–1997):

- **Steve Hart** – der Sonnyboy und Leadsänger
- **Cal Cooper** – der Blonde mit Model-Vibe
- **Nathan Moore** – jetzt auch offiziell Boybandmitglied
- **Aaron Poole** – der Unauffällige, aber unverzichtbare vierte Mann

Von der ursprünglichen Besetzung war nur **Steve Hart** übriggeblieben. Der Rest war neu – und mit ihnen auch das gesamte Konzept:
Worlds Apart war nun **Frankreichs Boyband**.
Sie wurden dort vermarktet, gefeiert, verkauft – während man in Großbritannien weiterhin kaum Notiz von ihnen nahm.
Während Take That das britische Original blieben, wurden Worlds Apart zur **Boyband im Exil**.
Und in gewisser Weise ist das ihre eigentliche Pointe: Sie waren zu britisch für Frankreich, zu französisch für England – aber genau richtig für eine Bravo-Doppelseite in Deutschland.
Vermarktet wurden sie als die **europäische Antwort auf die US-Boybands**. Ihre Singles klangen ein bisschen französisch, ihre Gesichter auch: **Nathan und Aaron hätten optisch problemlos als Franzosen durchgehen können.**
Aber international war daran wenig. Was man hatte, war eine **britische Boyband, die in ihrer Heimat**

gescheitert war, aber in Frankreich zumindest ein kleines Stück vom Kuchen abbekam.

Auch wenn die Bravo sie liebte: Ihr großer Hit **‚Je te donne'** wurde in Deutschland nur **lau aufgenommen**. In **Belgien** und der **Schweiz** liefen sie deutlich besser – in **Italien, Spanien und Skandinavien** dagegen: keine Chance.
Das Album Together wurde in Deutschland zwar veröffentlicht, aber ohne große Wirkung. Man nahm den Markt mit – nicht, weil man Hoffnung hatte, sondern weil sich oben-ohne-Poster in der Bravo eben immer rechneten.

Der Abstieg: 1996 bis 2000
1996 kam das zweite Album. Die Single ‚Everybody' wurde ein kleiner Hit in Frankreich, diesmal setzte man auf mehr eigenes Material, weniger Cover.
Aber die Konkurrenz war zu stark: Backstreet Boys und NSYNC brachten den neuen Sound, Caught in the Act und East 17 wirkten kantiger, greifbarer.
Worlds Apart liefen mit ihrem Softpop dem Zeitgeist hinterher – und waren plötzlich ein bisschen „von gestern".
1997 stieg **Aaron Poole** aus – warum, blieb unklar. Vielleicht fehlte ihm die Perspektive. Vielleicht einfach der Spaß.
Er wurde durch **Tim Fornara** ersetzt. Doch auch ‚Whenever You're Ready', ihre letzte halbwegs erwähnenswerte Single, schaffte nur in Frankreich noch einen Minihit.
Zwischen 1998 und 2000 verließ auch **Cal Cooper** die Band. Neue Namen kamen – niemand erinnerte sich an sie.

Die Gruppe **löste sich nie offiziell auf**, veröffentlichte aber auch nichts mehr.
Hier und da traten sie noch auf – in wechselnder Besetzung, manchmal zu viert, manchmal zu dritt, manchmal mit Leuten, die selbst auf Wikipedia keine eigene Seite bekamen.

Reunion & Nostalgie (ab 2007):
2007 kam es zu einer **Mini-Reunion**.
Steve Hart war dabei – natürlich, denn ohne ihn ist Worlds Apart nicht Worlds Apart.
Auch **Nathan Moore** tauchte gelegentlich wieder auf.
Der Rest? Fluktuation. Je nach Land, Bühne oder Anlass.
Worlds Apart wurden zum **Menudo Europas** – eine Boyband mit wechselndem Personal, flüchtiger Identität, aber zwei ewigen Songs:
„Je te donne" und **„Everlasting Love"**.

Insgesamt hatte die Band rund **15 Mitglieder**, manche nur kurz, andere in mehreren Phasen.
Doch was bleibt, ist das Bild der **1995er-Besetzung** – **Steve, Cal, Nathan und Aaron** – als **die** Gesichter einer Boyband, die nirgendwo hingehörte, aber trotzdem eine kleine Popgeschichte schrieb.

Was machten die Jungs nach der Band?

Hier schränke ich mal ein: Wie bei Menudo werde ich **nicht jeden aufzählen**, der mal bei der Band war. Das sprengt den Rahmen – vor allem bei einer doch eher unbekannten Gruppe wie Worlds Apart, die irgendwann mehr Mitglieder hatte als Songs.
Wir konzentrieren uns auf die **sechs Gesichter**, die

entweder **den Sound prägten, die Poster dominierten oder heute noch bei Reunions auftauchen**.

Steve Hart

Er war das **Gesicht der Band** – von Anfang bis Ende, die einzige Konstante.
Steve ist so etwas wie die **männliche Cher-Variante**: Die Welt könnte untergehen, nur noch Kakerlaken würden überleben – und irgendwo stünde eine Bühne, auf der Steve „Je te donne" singt.
Wenn es eine Reunion gibt, ist er dabei. Er **managt auch heute noch sämtliche Seiten und Belange der Band** und gibt sich fan-nah.
Soloprojekte scheiterten zwar, aber er lebt in Los Angeles, ist aber regelmäßig für Nostalgie-Auftritte in Europa.
Er ist der Letzte, der das Licht ausmachen würde – falls er es nicht gerade für eine neue Show anknipst.

Nathan Moore

Nathan ist bemerkenswert: **Sänger in zwei Boybands** – und dazu noch der **einzige**, der bei Worlds Apart den Schritt vom Manager zum Mitglied machte.
Nach der Band war er der mit Abstand aktivste Ex-Star.
Als Manager betreute er u. a. **Sinitta, Gareth Gates** und andere 90er-Rückblicksgesichter.
Er nahm an diversen Reality-Formaten teil und ist auch bei Worlds Apart-Reunions oft mit dabei. Heute ist er Eventmanager für 90er-Shows, Performer und Entertainer – immer mit einem gewissen Augenzwinkern im Gepäck.

Cal Cooper
Cal war der **Schönling** von Worlds Apart. Der mit den perfekten Haaren, dem Dauerlächeln, der Bravo-Fotogenität. Und dann war er weg.
Kein Comeback, kein Statement, kein Instagram-Throwback.
Nur ein paar Gerüchte über eine Karriere als Fotograf und ein ruhigeres Leben außerhalb des Scheinwerferlichts.
Vielleicht hatte er genug vom Pop. Vielleicht wollte er einfach nie der ewig strahlende Posterjunge bleiben. Vielleicht war genau das sein Abgang: still und mit Stil.

Aaron Poole
Er **stieg 1997 aus** – warum, ist bis heute nicht ganz klar.
Keine Interviews, keine Solokarriere, keine Talkshow mit „Ich war mal bei Worlds Apart".
Er ist einfach verschwunden.
Keine Social-Media-Kanäle mit „Wisst ihr noch damals?"-Beiträgen.
Er war an einem Tag noch halbnackt in der Bravo – und am nächsten Tag einfach weg.
Manchmal sagt Schweigen mehr als ein nostalgisches Interview im Sat.1 Frühstücksfernsehen.

Schelim Hannan
Ich nehme ihn hier mit auf, weil er der erste Leadsänger der Band war.
Die Lines im 1993er-Musikvideo von „Everlasting Love"? Von ihm.
Vielleicht hatte er nicht die Starqualität, die man sich wünschte. Vielleicht hatte er auch einfach keine Lust

mehr. Es ist nicht dokumentiert, warum er ging – aber er ging.
Was folgte: ein bürgerliches Leben, kein Soloalbum, keine Medienpräsenz, nicht einmal bei Reunion-Auftritten.
Wie die anderen beiden der ersten Generation ist die Anfangszeit der Band fast ausgelöscht – musikalisch noch da, aber visuell vergessen.

Tim Fornara
Als Aaron ging, kam Tim – blond, posterkompatibel, ein Versuch, die Band zu verjüngen.
Mit bescheidenem Erfolg.
Nach der Band wechselte er die Fronten und wurde TV-Produzent, Regisseur, Creative Director.
Er arbeitete unter anderem mit BBC, ITV, Channel 4, Sky und MTV.
Seine Musikambitionen verheimlicht er nicht – aber sie spielen heute kaum noch eine Rolle.
Wenn er Lust hat, steht er bei Reunions mal mit auf der Bühne. Aber eine lange Rückkehr in die Band? Das will er vermutlich nicht. Und das muss er auch nicht. Er hat längst die Seiten gewechselt – von Bravo zu Produktionsleitung.

Ein kleines Fazit:

Worlds Apart sind für mich eine herrliche Pop-absurdität der 90er.

Eine Boyband mit Drehtür, ständigen Wechseln – und der seltsamen Entscheidung, sie einfach nach Frankreich auszulagern.

Das ist alles ein bisschen bizarr, ein bisschen zum Schmunzeln – und irgendwie: **ganz schön 90er**.

Sie hatten nie die großen Hits – und trotzdem waren sie ständig auf dem Bravo-Cover.

Vielleicht einfach in der Hoffnung, dass sie doch irgendwann mehr liefern würden als nur „Je te donne".

Taten sie nicht.

Ihnen fehlten die Songs, das Aussehen hatten sie eigentlich – und hätte man die Idee durchgezogen, eine Boyband mit Mitgliedern aus ganz Europa zu casten, vielleicht hätte das sogar funktioniert. Ein Jahrzehnt später versuchte Lou Pearlman mit US5 genau das – zumindest ansatzweise.

Für mich bleibt Worlds Apart eine liebevoll-trashige Band, die genau deshalb hier erwähnt gehört: Weil sie so bemüht war, mehr zu sein, als sie je war. Und weil das manchmal schon reicht.

4.2 East 17 – Baggyhosen, Ecstasy und der Frage: Wer ist eigentlich noch übrig?

1991: Tony Mortimer war ein junger Songwriter aus dem Londoner East End. Er begann mit Raptexten, ging dann über zu Popsongs.
Er war kein Frontmann, aber jemand mit einem guten Gespür dafür, was ankam, und singen konnte er auch.
Er sah Take That und wollte etwas schaffen, was echter war als die Jungs, die sich oben ohne mit Glibber im Musikvideo einrieben.
Er wollte etwas, das im East End Hood Respekt bekam und trotzdem Pop verkaufen konnte.
Das East End ist der Osten von London, die rauere Arbeiterklasse, aus der eben auch Tony stammt.
Breakdance war in, und er fand mit Terry Coldwell einen Rapper und Tänzer, John Hendy ebenfalls ein Tänzer aus der Gegend, und dann war da noch Brian Harvey, Sänger mit markanter Stimme – ideale zweite Stimme, fand Tony.
Die Band stand und benannte sich nach ihrem Stadtteil: East 17. Die Zahl: die Postleitzahl des Stadtteils, aus dem alle vier Jungs stammten.
Sie produzierten eine Demo und schickten sie herum, in der Hoffnung, damit Erfolg zu haben.
Die Demo war House of Love – Underground-Sound, eine Mischung aus Pop, Dance und Rap mit einem Schuss Street-Ästhetik. London Records biss an, man suchte eine kantigere New-Kids-on-the-Block-Version und bekam diese vier auf dem Silbertablett. Und das Lied ging 1992 in die Top 10 und ermöglichte ein Album.

Dieses folgte Anfang 1993 und enthielt neben House of Love noch It‘s Alright, was ihr größter internationaler Hit werden sollte.
Aber hinter den Kulissen gab es einen Wechsel, denn das Studio wollte – auch wenn Tony der Kopf der Truppe war – Brian als Frontmann haben.
Er ließ sich einfach besser an die Zielgruppe verkaufen. Das Album ging auf 1, die Band bekam Aufmerksamkeit.
It's Alright: Platz 1 in Deutschland, England und Schweden, Top 5 in anderen europäischen Ländern. Und Amerika? Die kümmerten sich nicht um das europäische Phänomen in Baggyhosen und viel zu großen Hüten. Zu rau, zu britisch, nicht so hübsch gestylt, wie man es erwartet von einer Boyband.
Wie immer: Die Amis haben keine Ahnung von Musik.

Herbst 1994 kam Steam auf den Markt, Album Nummer 2. Drei Singles, die gut liefen – und mit Stay Another Day hatte Tony ein Lied für den verstorbenen Bruder geschrieben – dieser beging Selbstmord schon Jahre zuvor. Der Song wurde der Weihnachtshit 1994 und ist neben It's Alright das Lied, das man mit der Band verbindet.

Das dritte Album kam im November 1995, wurde aber richtig erst 1996 wahrgenommen. Im Jahr 1995 gab es ein Best-of der Band. Album drei war etwas experimenteller und schnitt nicht so gut ab.

Februar 1997: der große Knall. Brian Harvey setzt sich in ein Radiointerview und erzählt munter, dass er bis zu zwölf Tabletten Ecstasy nehmen würde – und dies gar nicht so schlimm sei.
Popkulturelle Selbstmontage, wie man sie sonst nur bei Tic Tac Toe zu sehen bekommen hat.

Der Aufschrei war gewaltig, Sponsoren distanzierten sich. Elternverbände liefen Sturm, Politiker forderten Konsequenzen. Brian flog aus der Band. Vorläufig. Denn das Label wusste: Ohne Brian kein East 17 – er war Frontmann, er war Stimme, egal wie kreativ Tony Mortimer im Hintergrund war.
Brian kam zurück. Das passte Tony nicht. Er sagte sinngemäß: „Das ist nicht mehr die Band, die ich gegründet habe.“ Nahm den Hut und verließ East 17 im April 1997. Ohne ihn: keine neuen Songs. Das geplante vierte Album wird gestrichen, und Ende 1997, als auch das Label das Interesse verloren hatte, löste sich die Band auf. East 17 scheiterten nicht am mangelnden Erfolg – Album Nummer 4 war quasi schon bestellt gewesen.
Sie scheiterten daran, dass Brian Harvey einfach nicht für das Rampenlicht gemacht war.

Ganz aufgeben wollten die drei Verbliebenen aber nicht. 1998 kam ein Lebenszeichen, das Album Resurrection.
Ein neues Plattenlabel und ein neuer Name: E-17. Von Tony – keine Spur. Die erste Single des Albums, welches diesmal komplett für sie geschrieben worden war, landete auf Platz 2 der UK-Charts.
Ein Erfolg, und man glaubte, wieder in Spur zu sein. Single 2 immerhin Top-20-Material. Das Album blieb

hinter den Erwartungen zurück, beste Platzierung war Platz 43. Das Album war glatter R'n'B – ohne Mortimer fehlte das Herz. Die Band löste sich 1998 erneut auf.

2006 wieder ein Comeback – und zwar mit Tony, dafür ohne Brian. Dieser war psychisch und körperlich angeschlagen und lehnte ab.
Man trat auf Nostalgiefestivals auf und wollte eine würdige Rückkehr schaffen – mit den alten Hits und am liebsten auch ein neues Album hinterherschieben. Aber ohne Brian fehlte die Stimme, die die Hits trug – die Comebackversuche verpufften.
Dennoch blieb man am Ball. 2012 stellte man ein Album auf die Beine, noch immer zu dritt: ‚Dark Light'.
Düsterer Pop, keinerlei Boyband-Vibes, eher wie eine Indie-Platte aus den 90ern. Einige Fans lobten es, auch wenn es 15 Jahre zu spät kam. Die Medien interessierte es kaum, Charterfolg war auch keiner vorhanden. Tony Mortimer stieg erneut aus, sinngemäß sagte er: Das Album sei auch nie als Comeback gedacht gewesen – es sei sein Abschluss mit seinem Kapitel der Band.

East 17 waren nun zu zweit. Beide Stimmen und beide Frontmänner waren weg.
Die Entscheidung der verbliebenen Mitglieder: Wir machen weiter. Ein seltsamer Schritt, wenn die beiden, die eigentlich eher die Tänzer sind, sich an dem Projekt festklammern – vielleicht, weil man nichts anderes hat.
Was nämlich folgte, ist durchaus bizarr: Man holte sich 2014 einen Sänger, der Robbie Craig hieß – der

später aber auch nicht mehr relevant war. Ab dann: wechselnde Sänger. Mal mit Bart, mal mit Glatze, aber immer ohne Relevanz.
Ein Album folgte: 24/7. Treffenderer Name wäre 08/15 gewesen. Billiger Dance-Trash für 90er-Partys. Die East-17-Resterampe wurde eigentlich schon vorher nicht mehr ernst genommen.

Was kam danach?

Tony Mortimer – Er gründete sein eigenes Label, auf dem er junge Talente fördern wollte – mit mäßigem Erfolg. Eigenes Material nahm er auf, ein Soloalbum erschien 2013 (Songs from the Suitcase) und fand keinerlei Beachtung. In den 2000ern sah man ihn gelegentlich in Reality-Formaten. Dort zeigte er sich reflektiert, aber auch etwas verbittert über den Umgang mit der Band – und mit sich selbst.
Von der heutigen East-17-Coverband hält er sich fern. Er lebt zurückgezogen mit seiner Familie in Essex und betreibt wohl im Hintergrund noch immer Songwriting. Über East 17 sagte er einmal in einem Interview:
„Es ist ein Teil meines Lebens – aber nicht mein Leben. Ich bin nicht nostalgisch. Ich bin einfach weitergezogen."

Brian Harvey – 2001 gab es eine kurze Zusammenarbeit mit den True Steppers und Donell Jones, die Single True Step Tonight schaffte es auf Platz 26 der UK-Charts. Es blieb sein einziger nennenswerter Solo-Erfolg. Zwar unterschrieb er bei Edel Records, nahm hier und da mal eine Single auf, trat auf Clubbühnen auf – doch ein Album erschien nie. Zu

labil, zu unberechenbar.
In den 2000ern wurde er trauriger Teil des Boulevard-inventars: Depressionen, Alkoholprobleme, Eskalationen. 2005 lag er nach einem bizarren Unfall mehrere Tage im Koma – angeblich hatte er sich selbst überfahren.
Ab 2012 tauchte er regelmäßig in YouTube-Videos auf, in denen er sich verfolgt, zensiert oder von einem Musik-Komplott zerstört sah. Er wirkte zunehmend paranoid, verwirrt – aber auch aufrichtig verletzt. Ein Comeback mit East 17 lehnte er mehrfach ab. Heute lebt er in London, ohne Kontakt zu seinen ehemaligen Weggefährten. Er ist das Gegenteil von Tony:
Nicht reflektiert, nicht losgelassen – nur noch tragisch.

Terry Coldwell – Er ist der Zombie, der blieb. East 17 war tot, aber Terry war immer noch da – mit dem Namen, mit der Marke, mit sich selbst.
Er hat außerhalb dieser Band nie etwas Erwähnenswertes auf die Beine gestellt. Als Brian und Tony weg waren, wurde er notgedrungen zum neuen Gesicht der Band.
Der Typ, der auf der Party nicht geht, obwohl die Musik längst aus ist.

John Hendy – Wie Terry. Nur noch unbedeutender. Während Terry zumindest noch die Reste zusammenhält, ist John irgendwo im Hintergrund – und manchmal nicht einmal mehr das. Es gab bereits Auftritte ohne ihn. Kein Ausstieg, keine Erklärung – er war einfach irgendwann nicht mehr da.

Tja, und ich?

Ich mochte die Jungs tatsächlich.
Vielleicht erreichten sie bei mir genau das, was sie erreichen wollten:
Pop verkaufen wie eine Boyband – aber trotzdem ein bisschen cooler sein.
Ihr Outfit? Schrill. Schräge Mützen, zu große Hosen – wie so vieles Anfang der 90er.
Aber Brian konnte singen.
Und ja – auch Songs wie Thunder oder Let It Rain mochte ich.
Ich war nie der Überfan, keiner mit Poster an der Wand.
Aber ich hörte neue Singles immer gern – ich war dran an ihnen.
Was mit Brian passiert ist, ist eine Tragödie.
Und ich sage mir in Bezug auf diese Band: Alles hat seine Zeit.

Wäre das Interview nicht gewesen –
Brian wäre irgendwann anders eskaliert.
Ich glaube nicht, dass sie eine besonders große Zukunft gehabt hätten.
Nicht, weil sie schlecht waren.
Sondern weil East 17 immer etwas instabil war. Zu echt für den Pop. Und zu poppig für die Straße.

4.3 Caught in the Act – Und plötzlich war das halbe Poster schwul

Die nächste Truppe von Jungs musste dran glauben. 1992 wurde gecastet – jeder wollte ein Stück vom Kuchen abhaben, und die Idee diesmal: eine niederländisch/englische Boyband für den europäischen Markt, wobei der Fokus stark auf Deutschland lag. Hier konnte man zu der Zeit einfach alles verkaufen, was nett lächeln und einen flachen Bauch vorzeigen konnte.
Der niederländische Musikproduzent Cees van Leeuwen schaute sich mehrere Hundert Bewerber für die Band an und entschied sich für **Eloy de Jong, Bastiaan Ragas** aus den Niederlanden, sowie **Lee Baxter** und **Benjamin Boyce** aus England.

Man baute die Band auf und ließ sie zunächst in den Niederlanden laufen – noch kein Album, aber drei Singles. Einfach, um abzuklopfen, was ging. Regional lief es okay. Keine Überhits, aber etwas, bei dem man merkte: Das konnte man ausbauen.
Man überlegte, wie man Fuß fassen könnte. Wie kriegte man die Band in die Bravo? Denn Deutschland war das Ziel.
Scheinbar schaute man sich die Medienlandschaft gut an und erkannte, dass eine ZDF-Hitparade oder der Fernsehgarten nicht der richtige Platz war.
Man wagte etwas Neues: Das Management trat an RTL heran. Die hatten mit Gute Zeiten – Schlechte Zeiten Anfang der 90er einen Dauerbrenner geschaffen, der Teenager abholte.

RTL gefiel die Idee, und Caught in the Act wurde in die Serie verwoben. Sie spielten 1994 in zehn Folgen mit.
Gebrochenes Deutsch, aber solange sie nett grinsen konnten und in jeder Folge ‚Love Is Everywhere' einmal anstimmen durften, reichte das ja.
Und ja, das reichte. Die Single schlug ein, wurde ein Top-10-Hit und Türöffner in den deutschsprachigen Raum – und Frankreich.

Das Video zum Lied? Boybandklischee. 90er PUR! Schwarz-weiß, unschuldig in die Kamera lachen und eingeölt oben ohne die Bauchmuskeln räkeln lassen. Das Ganze hat so viel Homoerotik – das hätte auch als Werbefilm für ein Gay-Event durchgehen können.

Die Rollen in der Band waren klar verteilt: Bastiaan – der charismatische Leader.
Eloy – der smarte Heartbreaker mit dem Silberblick.
Benjamin – der energiegeladene Clown, ein bisschen zu viel, aber immer on fire.
Und Lee – der stille, nachdenkliche Typ, der in Interviews selten zu Wort kam, aber genau deshalb interessant war.

Nur eines wundert mich bis heute:
Platz fünf blieb unbesetzt.
Wo war der Exot? Der mit dem leicht anderen Look, dem anderen Background – der "Diversity-Typ", den jede gute Boyband fürs gute Gewissen braucht? Vielleicht hat man's vergessen.
Oder sich gedacht: In Deutschland reicht auch viermal Weißbrot.

1995 wurde das Album hinterhergeschoben, und Caught in the Act of Love erhielt Goldstatus. Auch das zweite Album, 1996, schaffte es auf Gold. 1997 kam direkt Album Nummer drei.
Hier gab man sich etwas erwachsener, der Pop wurde gedrosselt, dafür gab's mehr Soul, ein wenig R'n'B. Das Album war nicht mehr ganz so erfolgreich.
Caught in the Act waren vor den Backstreet Boys da – aber die übernahmen bald das Ruder.
Und plötzlich wirkten die vier eingeölten Niederländer ein bisschen altbacken.
1998 dann die Auflösung – aus verschiedenen Gründen. Einer davon: eine mehr oder weniger geheime Beziehung.
Nein, nicht Eloy – das kommt später.

Benjamin Boyce war mit der Viva-Moderatorin Aleksandra Bechtel liiert. Und das gefiel der Plattenfirma gar nicht.
Boybands müssen begehrbar bleiben. Mitglieder dürfen nicht in festen Beziehungen sein.
Aber Benjamin hatte sowieso genug von dem Zirkus. Er wollte nicht länger Background-Tänzer in der eigenen Band sein. Er wollte seine Beziehung, seine Solokarriere – und stieg aus.

Daraufhin machte das Label den Caught-in-the-Act-Laden dicht.
Es erschien noch das Best-of-Album ‚We Belong Together: 6 Years of Success'. Kurz darauf folgte das Abschiedsalbum ‚Solo 4 C.I.T.A.', auf dem jedes Mitglied einen eigenen Song singt.
Ein kluger Trick, um Soloambitionen zu testen – aber auch das leise Eingeständnis des Endes.

Ein Abschiedskonzert in Magdeburg vor 20.000 Fans – und im August war die Band Geschichte.

Es gab ein Comeback.
Man hatte sich in Amsterdam getroffen – alle vier. Und zumindest drei wollten es noch einmal wissen. Benjamin nicht. Offiziell: andere Vorstellungen.
Man sollte aber auch erwähnen, dass sein Ruf nach dem Dschungelcamp im Januar 2015 angekratzt war. Er soll angeblich seine damalige Freundin im Hotel verletzt haben. Er selbst bestreitet das bis heute.
Aber so kurz nach dem Vorfall hätte er dem Image der Band mit Sicherheit geschadet.
17 Jahre nach dem Ende kehrten Eloy, Lee und Bastiaan zurück.
Silvester 2015 – Brandenburger Tor, Live-Auftritt, die Neuauflage von ‚Love Is Everywhere'.
Es folgten das Album Back for Love und eine kleine Tour durch Deutschland und Europa.
Kein großer Chart-Zugriff – aber genug Nostalgie für Fans, genug Erinnerung für einen Moment.
Und genug, um zu zeigen: Selbst im staubigen Boyband-Universum gibt es Spuren, die man später gern noch mal ausgräbt.
Bis 2019 kam dann nicht mehr viel.
Man tingelte gelegentlich durch Retroshows.
2019 stieg auch Eloy aus – seine Solokarriere im Schlager lief gut.
Aufgelöst hat sich die Band nie offiziell. Bastiaan und Lee treten ab und zu noch zu zweit bei 90er-Shows auf.
Die anderen beiden sind solo unterwegs.
Naja – Hauptsache: Love Is Everywhere …

Aber ich habe es ja schon angedeutet – Eloy… Ich kann es nicht unerwähnt lassen: 1999, als Caught in the Act längst im Boybandhimmel verschwunden waren, outete er sich.
Stephen Gately von Boyzone und er waren ein Paar. Stephen war noch Teil einer aktiven Boyband, und Reporter waren den beiden bereits auf der Spur.
Man outete sich also gemeinsam – nicht aus PR-Gründen, sondern um der Presse zuvorzukommen. Stephen hatte dabei wohl mehr zu verlieren: Er war der Bekanntere, der Gefragtere.
Aber man sollte Eloys Rolle nicht kleinreden. Auch für ihn war das ein mutiger Schritt.
Was Caught in the Act im Nachhinein so besonders macht, ist:
Die Hälfte der Band war schwul.
Denn auch Lee Baxter outete sich – allerdings erst 2016.
Natürlich: Es wäre ein starkes Zeichen gewesen, hätte er 1999 ebenfalls gesagt: „Eloy ist schwul? ... Ja, und ich auch."
Vielleicht hätte das den beiden geholfen. Vielleicht hätte es Homosexualität schneller normalisiert.
Aber er tat es nicht – und man kann es ihm nicht vorwerfen.
Er war schon in der Band der Ruhige im Hintergrund. Vielleicht hatte er sich selbst noch nicht gefunden. Vielleicht wollte er nicht als Nächster durch das mediale Dorf getrieben werden.
Vielleicht wollte er, nach Jahren der eingeölten Oberkörper und der ungewollten Aufmerksamkeit, einfach seine Ruhe.
Nicht jeder muss kämpfen.
Manch einer will einfach nur leben.

Was war nach CITA?

Bastiaan – Verschwand? Vielleicht in Deutschland. Aber nicht in den Niederlanden.
Dort veröffentlichte er diverse Alben, spielte im Musical Aïda – und gewann für seine Darstellung sogar den Johnny-Kraaikamp-Musical-Award.
2003 übernahm er die Rolle des d'Artagnan in der niederländischen Version von Die drei Musketiere. Am Set lernte er Tooske kennen – seine spätere Ehefrau.
Es folgten TV-Jobs: Juror bei der ersten Staffel Popstars (NL), Zweiter bei Dancing with the Stars (2006), später sogar eine Moderation im ZDF-Fernsehgarten: Gut geschätzt gewinnt (2017).
Umtriebig. Und alles andere als vergessen.

Lee – Ging nach dem Aus zurück nach England, absolvierte dort eine Schauspielschule – mit Auszeichnung.
Als Collin Baxter spielte er in britischen Serien und am English Theatre Hamburg.
Kein Comeback-Gehampel, keine Autotune-Single. Stattdessen: Schauspiel, Drehbuch, Disziplin.
Lee entschied sich für eine Karriere – nicht für Resteverwertung.
Heute macht er auch Solomusik, hat mehrere Alben veröffentlicht – und ist seit 2020 mit Martin Scholz (Touché) als 90twoDegrees unterwegs.
Eine unerwartete, aber interessante Mischung.

Eloy – Versuch eines Solostarts 2004, kleiner Hit in den Niederlanden.
Seine Beziehung zu Stephen Gately hielt bis etwa 2002. Auch nach dem Aus blieben sie eng verbunden.
Als Stephen 2009 starb, war Eloy tief getroffen.
Heute ist er erfolgreicher Schlagersänger: Kopf aus – Herz an (2018) erhielt Platin.
Nicht mein Genre – aber ich freu mich für ihn.
Mit seinem Lebensmodell – zwei Väter, Co-Elternschaft – gilt er heute als einer der sichtbarsten Repräsentanten queeren Lebens im deutschsprachigen Mainstream.
Und das ist mehr wert als jeder Bravo-Stern.

Benjamin – Seine Beziehung zu Aleksandra Bechtel hielt bis 2001.
Solo versuchte er es früh – aber der große Erfolg blieb aus.
2004 wollte er es bei Comeback – Die große Chance auf ProSieben wissen. Immerhin: Platz 2.
Doch gewonnen hat Chris Norman.
Später dann: das Dschungelcamp.
Was genau dort lief, weiß man bis heute nicht. Nur: Es wurde zum Imagetotalschaden.
Auch er versuchte sich später im Schlager – aber im Gegensatz zu Eloy blieben seine Bühnen klein.
Sehr klein.

Und ich?

Ich war Teenager. Ihre Songs liefen im Radio, gingen ins Ohr – für mich war das nie der große Wurf.
Aber ich habe noch das Bravo-Cover 40/95 im Gedächtnis – werft mal Google an, dann wisst ihr, was ich meine …
Aber dann kamen Eloy und Stephen zusammen. Und mein kleines, schwules Teenagerherz schlug höher. Sie waren ein queerer Mittelfinger in einer Welt, die so gern heteronormativ tat.
Und all die Mädchenherzen, die daran zerbrachen? Kein Mitleid.
Eher ein Gefühl von: Es gibt uns. Und wir dürfen uns lieben.

4.4 Bed and Breakfast – Schneller wieder weg, als ein Frühstück im Bett

1994/95 fanden sich ein paar Produzenten zusammen, die nicht nur alle mit „M" anfingen, sondern auch dieselbe Idee hatten: „Wie wär's, wenn wir uns zusammentun und Triple-M nennen?" Gesagt, getan. Das Trio – Mike Michaels, Mark „MM" Dollar und Mark Tabak – sollte die deutschen Popcharts der nächsten Jahre prägen.
Und auch hinter den Kulissen blieb es aktiv: etwa bei US5 oder Overground. Damals war man selbst noch als **Music Instructor** unterwegs. Hymn war 1995 ein Hit, weitere folgten. Aber uns interessiert heute vor allem ihr anderer Gedanke:
Take That? Backstreet Boys? Das kriegen wir auch hin.
Denn die Formel schien ja simpel: Waschbrettbauch, wenig Kleidung, Tralala-Musik.

Wir schreiben Mitte der 90er. Da wurde nicht online gecastet, sondern ganz klassisch über Agenturen. Kein „Wir kennen uns seit dem Kindergarten und singen schon immer zusammen" – man suchte schlicht Models, Tänzer, Musiker. Gefunden wurden: **Daniel Aminati, David Jost, Kofi Ansuhenne und Florian Walberg.**

Im Februar 1995 warf man die erste Single auf den Markt: ‚You Made Me Believe in Magic'. Kein großer Wurf – Platz 68 in den Charts. Aber immerhin: ein

Einstieg. Für eine unbekannte deutsche Boygroup auf Englisch war das ein Anfang.

Im Sommer legte man nach. Single Nummer 2: ‚If You Were Mine‘.
Dieses Mal: Platz 18 – der bisherige Peak der Bandkarriere. Noch vor Weihnachten folgten eine dritte Single und das erste Album. Stay Together landete auf Platz 20 der Albumcharts.
Die Bravo liebte die Jungs – endlich eine deutsche Boyband mit leichtem US-Flair. Eine weitere Auskopplung folgte.
Im September 1996 erschien die erste Single des zweiten Albums. Sie schaffte es immerhin in die Top 30 – ein Achtungserfolg.
Aber das Album selbst? Kein Zugpferd. Es wollte erwachsener sein, verlor dabei aber das Teeniepublikum, ohne ein neues zu gewinnen. Der neue Sound war glatter – aber auch austauschbarer. In Your Face floppte im Vergleich zum Debüt. Auch die zweite Single konnte nicht überzeugen.

1997 versuchte man es mit einer Feature-Single: Get It Right, gemeinsam mit **Squeezer** und **Mola Adebisi** – ein wildes Eurodance-Crossover im 90er-VIVA-Modus. Inzwischen war man bereit, alles für Sichtbarkeit zu tun. Doch auch ‚All I Wanna Do‘ konnte nicht mehr zünden. Die Band verlor spürbar an Zugkraft. Die Spannungen nahmen zu. Man spürte: Das trägt nicht mehr lange.

1999 dann ein letzter Versuch: ‚Deep in My Mind' – mit neuem Sound und neuer Attitüde. Doch die Single blieb ohne Promo, ohne Charts, ohne Nachhall. Ein drittes Album kam nie.

Rückblickend bleibt: **Ihr größter Hit kam nicht über Platz 18 hinaus.**
Warum eigentlich?
Mitte der 90er schien sich doch alles zu verkaufen, was Boyband hieß. Bed & Breakfast sahen gut aus, tanzten, sangen solide Songs – und trotzdem gingen sie unter.

Ein paar Gründe lassen sich benennen:

- **Take That** war zu ihrer Zeit noch nicht vom Markt – zu früh also für einen Nachfolger.
- **Caught in the Act** hatten sich bereits etabliert – mit Daily-Soap-Rückenwind durch GZSZ.
- **Bed & Breakfast** fehlte dieses eine Alleinstellungsmerkmal. Kein „Ach, das waren die mit…"
- Auch die Musik war solide, aber austauschbar. Kein ‚Back for Good', kein ‚Everybody', nicht mal ein ‚Love Is Everywhere'.

Und dann war da das Image:
Man wollte international wirken, sang komplett auf Englisch – wurde aber nicht international vermarktet. Gleichzeitig wirkte man zu bemüht global und zu wenig authentisch. Die Zielgruppe wollte keine Kopie, sie wollte das Original.
Hinzu kam:
Alle waren sympathisch, nett – aber zu glatt.
Es fehlte der eine Star, den man anhimmelte. Oder der

Skandaltyp, über den man sprach.
Ein Robbie, der sich mit Oasis betrinkt? Damit bist du zumindest in der Presse.
Bed & Breakfast? Kein Skandal, keine Kontroverse, nichts. Nach der zweiten Bravo-Fotolove-Story in einem Hotelbett blätterte man lieber weiter.
Zu glatt. Zu brav. Zu deutsch.
Und nett ist im Pop nun mal oft der Anfang vom Ende.
Bei **Bed & Breakfast** traf das leider zu.

Was wurde aus den Vieren?

Daniel Aminati war der Einzige der Band, der eine echte Medienkarriere machte.
Aus dem Boyband-Boy wurde ein Boulevard-Dauerbrenner mit Fitnessmarke, Sixpack und Mikrofon. Erst bei **VIVA**, später moderierte er fast 20 Jahre lang **taff** bei ProSieben. Musik macht er heute keine mehr – aber Fernsehgesicht ist er geblieben.

Kofi Ansuhenne war in der Band der ruhige Pol – danach wurde er ein kreativer Freigeist. Statt als Sänger weiterzumachen, schuf er sich eine eigene Nische: als Modemacher, Musiker, Netzwerker.
Kein Comeback, keine Schlagzeilen – dafür Haltung, Stil und Unabhängigkeit.

Florian Walberg war der Niedliche – das Bravo-kompatible Babyface mit der warmen Stimme. Und er sang If You Were Mine, ihren einzigen echten Hit. Nach der Band erfand er sich komplett neu: Er gründete ein E-Scooter-Unternehmen und wurde

Pionier für urbane Mobilität. Keine Comebacks, keine Dokus, kein Dschungelcamp – sondern Wirtschaft, Patente, E-Mobilität. Vielleicht die größte Überraschung der vier.

David Jost war der Nachdenkliche – der, der sich nie so richtig wohlfühlte im Blitzlicht.
Nach der Band wurde er Manager und Songwriter – unter anderem für **Tokio Hotel**, deren Sound und Image er maßgeblich mitprägte.
Später schrieb er Songs für **Lady Gaga**, **Kesha**, **Miley Cyrus** und andere – meist im Hintergrund, oft als Ghostwriter. Kein Ruhm mehr – aber dafür **internationale Relevanz**. Aus dem Bravo-Boy wurde ein globaler Strippenzieher.

Und ich?

Ich hatte die Band komplett verdrängt, wenn ich ehrlich bin. Bei der Recherche bin ich dann auf das Urgestein der deutschen Boybands gestoßen.
Die Lieder? Nicht so doll.
Aber irgendwie kamen mir die Gesichter von **David Jost** und **Flo Walberg** bekannt vor – vielleicht aus alten Bravos.
Die Band zeigt, dass doch nicht alles sofort gefressen wurde, was nach Boyband aussah.
Es brauchte gute Platzierung in den Medien – und, ganz wichtig: **einen Hit gleich am Anfang**.
‚If You Were Mine' war ein Achtungserfolg. Aber was danach kam, war nie catchy genug, um sich festzusetzen.
Das hat der Band das Genick gebrochen.
Und trotzdem: Wenn man alle wichtigen Boybands aus Deutschland aufzählen will, kommt man an **Bed & Breakfast** nicht vorbei.
Sie waren der erste ernsthafte Versuch, etwas Eigenes auf den Markt zu bringen.
Erfolgreich? Nicht wirklich.
Aber **wichtig** – auf eine stille Art.

4.5 Touché –Absurdität, Bravo und Dieter Bohlen

Wir schreiben das Jahr 1996.
Take That trennen sich, Teenagerherzen brechen – und plötzlich brauchen Bravo-Leserinnen Notfall-Hotlines.
Doch Mädchenherzen heilen schnell. Vor allem, wenn der nächste süße Junge ihnen eine Schnulze ins Ohr singt. Das wusste auch Dieter Bohlen.
Damals war er noch nicht der knallharte Castingshow-Richter, als der er später Karriere machen sollte. Klar, der Penisbruch war schon passiert, das Nackt-aus-dem-Haus-Flüchten ebenfalls – die Bild liebte Dieter schon in den 90ern.
Aber als Strippenzieher im Boyband-Business? Da war er erst im Aufbau.

Überall entstanden Boybands sogar in den Niederlanden, er wollte seine eigene Boyband.
Eine, die komplett aus seiner Feder kam: gecastet, geschrieben, produziert, gesteuert.
Und ganz ehrlich: Wenn einer so ein Projekt auf die Beine stellen konnte, dann er.
Bohlen tat das, was er schon bei Modern Talking getan hatte – der Mann im Hintergrund sein, der höchstens mal eine Siegerfaust zeigte. Die Bühne überließ er damals Thomas Anders, nun eben anderen Gesichtern, die den Charme liefern sollten. Und eines konnte Bohlen: Er wusste genau, was in den Charts funktionierte.
Ein großes, öffentliches Casting? Wozu?
Über Agenturen ließ er Tänzer vorsingen, die gut

aussahen. Mehr brauchte er nicht. Zwei, drei, die singen konnten, ein paar hübsche Gesichter – damit das Bravo-Poster nicht zu leer aussah.
Keine Individualisten, keine Ambitionen – er wollte eine Truppe, die tat, was er sagte.
Es gab nie eine Band namens Touché. Dieter Bohlen war Touché. Er ließ nur ein paar Marionetten mit Bauchmuskeln tanzen.

Gefunden wurden:
Martin Scholz – der blonde Leadsänger, bei der Reunion.
Das Brüderpaar Dennis und Glenn Frey – Dennis, der kleine Niedliche mit dem bübischen Charme, Glenn mit Big-Brother-Vibes, aber eher die Hintergrundfigur.
Ganz ähnlich Alexander Geist – ebenfalls eher ein Backup-Tänzer mit wenigen Gesangsparts.
Und dann brauchte es natürlich noch den „Exoten" mit Bad-Boy-Aura: Karim Maataoui. Aufgewachsen in Deutschland, mit familiären Wurzeln in Marokko. Markante Gesichtszüge – und wenn Martin offiziell das Gesicht der Band war, dann war Karim intern der Chef.

1997 kam die erste Single: This Goodbye Is Not Forever.
Ein Dancetrack, der klang wie der Soundtrack zu einer ZDF-Ferienserie – Autotune, Plastiksynths, kein Hauch von Zeitgeist.
1997 war MMMBop, war Barbie Girl, war Quit Playing Games.
Touché? Eher Achtung, fertig, los! mit Haargel.

Und trotzdem: Platz 5. Deutschland hatte eben ein Herz für Musik, die sich nach Vorschuldisco anfühlte.
Auch die zweite Single landete in den Top 10.
Das Debütalbum ebenfalls – es kletterte in die Charts und lag am Jahresende sicher unter einigen Weihnachtsbäumen.
Doch die dritte Single blieb unter der 20er-Marke hängen – Platz 23 war das Maximum.

Die Band hatte kein wirkliches Profil.
Weil Bohlen alles lenkte, fehlte etwas Unverwechselbares – eine eigene Stimme, ein eigener Klang, irgendetwas, das im Gedächtnis blieb.
Dann kam die vierte Single – ein Kuriosum, das man sich heute auf YouTube unbedingt anschauen sollte. Vorausgesetzt, man hat Lust auf gepflegte Fremdscham:
YMCA, gecovert von Touché feat. Krayzee.
Fünf Jungs hüpfen im Takt, ein Rapper ruft zwischendurch irgendwas, das sich irgendwie auf YMCA reimt – und der ganze queere Subtext des Originals?
Komplett raus.
Keine Ironie, kein Camp, keine Homosexualität. Stattdessen: Gruppenumarmung, Siegerlächeln, ein bisschen Hip-Hop fürs Pausenbrot.
Aus einem queeren Disco-Klassiker wurde ein Gute-Laune-Clip für Viva am Vormittag.
Brauchte das jemand? Offenbar nicht.
Die Single schaffte es nicht einmal in die Top 40 – nach dem soliden Start ein handfester Rückschlag.
Auch die nächste Veröffentlichung, Kids in America, rettete nichts mehr.
Kein Cover von Kim Wilde – leider. Die hätte wenigstens Stil gehabt.

Stattdessen klang es wieder nach Musik für das Kinderkarussell auf dem Dorffest. Baujahr 1987.

Den Jungs selbst kann man keinen Vorwurf machen. Sie waren zur falschen Zeit im falschen Format. Vielleicht konnte Bohlen Boyband einfach nicht.
Aber was war zwischen 1996, ihrem ersten Erfolg – und 1998, als alles schon fast wieder vorbei war? Ganz einfach: Die Backstreet Boys waren da.
NSYNC tauchten auf. Unzählige andere Bands folgten.
Ein Brian Littrell sang Touché an die Wand.
Ein Justin Timberlake und seine Tanztruppe hätten sie choreografisch vom Parkett gefegt.
Warum eine Boyband, die wie aus dem Quelle-Katalog bestellt aussah, wenn man die coolen US-Boys haben konnte?
In einer Zeit, in der Boybands vor allem heterosexuelle Wunschträume für Mädchen sein sollten, war Touché ein Sonderfall.
Sie wirkten glatt, androgyn, fast schon zu körperbetont – als würde die Inszenierung versehentlich queeren Subtext erzeugen.
Vielleicht war das auch das Problem: zu wenig Identität für Jungs, zu viel Ambivalenz für Mädchen.

1999 kam der Knall.
Karim stieg aus – ohne klare Kommunikation. Man hörte nur, er wollte mehr sein als Bohlens Handpuppe: ein anderes Image, mehr Eigenleistung.
Aber Bohlen lässt sich nicht auf der Nase herumtanzen.
Kurz darauf folgte Glenn.

Vielleicht brauchte Bohlen zu dieser Zeit einfach keine Touché mehr.
Vielleicht erklärt das das halbherzige zweite Album, das peinliche YMCA-Cover, das alles.
Er hatte inzwischen wieder Modern Talking – sein echtes Prestigeprojekt, seinen persönlichen Chart-Jackpot.
Warum sich also noch den Kopf über Touché zerbrechen?

Zwei raus, zwei rein, nächstes Shooting – so wirkte die zweite Besetzung.
Kein Neuanfang, kein Versuch, der Band eine eigene Handschrift zu geben. Nur die Verwaltung eines Auslaufmodells.
Er hatte anderes im Kopf als ein paar Jungs, die sich für die Bravo beim Duschen (mit viel Schaum) fotografieren ließen.
Beide Aussteiger wurden ersetzt: durch Stuart Fords aus England und Donny Weiss, einen Deutschen mit US-Wurzeln.
Doch die neue Besetzung wirkte lieblos und beliebig – und der Boyband-Hype war ohnehin im Sinkflug.

Take That? Schon Geschichte.
Caught in the Act? Ebenfalls.
Boyzone? In den letzten Zügen.
2000 erschien noch ein drittes Album in neuer Besetzung – und ging baden.
Man konnte sagen: Touché.

2001 war Schluss. Keine Abschiedstour. Kein Drama. Einfach weg.

2015 gab es dann ein Comeback – oder etwas, das sich so nannte.
Martin Scholz war wieder dabei. Donny Weiss ebenfalls, der schon in der B-Besetzung Anfang der 2000er war.
Der Rest? Komplett neu.
Vielleicht hoffte man, dass Nostalgie und eine neue Frisur die alten Bravo-Poster wiederbeleben könnten. Taten sie nicht.

Wo blieben sie?

Martin Scholz

Nach Touché veröffentlichte er ein Soloalbum mit dem Titel One. Zu einer Two kam es nie – das Album ging sang- und klanglos unter.
Danach blieb er der Musik immerhin treu, allerdings eher im Hintergrund. Gelegentlich trat er noch auf, versuchte sich als Radiomoderator – und war eine Zeit lang tatsächlich auch bei 9Live zu sehen.
2015 folgte der Comeback-Versuch mit Touché. Man gab sich nun natürlich erwachsener – aber kein Hahn krähte mehr nach der 90er-Trashshow. Nostalgie allein reicht eben nicht.
Heute verwechselt man ihn höchstens noch mit dem SPD-Kanzlerkandidaten Martin Schulz – der hatte deutlich mehr Erfolg, obwohl er nicht mal singen konnte.

Dennis & Glenn Frey

Mit seinem Bruder Glenn gründete Dennis die Band Moonbeat. Der Erfolg blieb aus, aber Dennis ist bis heute als Sänger und Songwriter aktiv – eher in der Nische, aber beständig.
Glenn hingegen verschwand komplett aus der

Öffentlichkeit.
Ob Musik, Medien oder Trash-TV – nichts mehr. Vielleicht war's auch besser so.

Alexander Geist
Auch er blieb lange verschwunden, tauchte erst zum Comeback-Versuch 2015 wieder auf – mehr als Randfigur denn als Rückkehrer im Rampenlicht.
Er wurde nie zum DJ, nie zum Promi, nie zur Stimme einer Generation.
Er war von Anfang an der, den man auf dem Poster erst beim dritten Blick bemerkt hat – und genauso verlief auch sein weiterer Weg: unauffällig, unspektakulär, vergessen.

Karim Maataoui
Er war nie nur das schöne Gesicht mit Bad-Boy-Aura – sondern hatte eigene Pläne. 1999 verließ er die Band bewusst, weil er mehr sein wollte als die gelenkte Figur in einem Bohlen-Konstrukt.
Heute ist er Digital-Entrepreneur, Technologie-Redner und Teil der deutschen Tech-Avantgarde.
Eine Karriere wie aus einem anderen Leben – aber vielleicht war genau das nötig, um nicht ewig Bravo-Fotomaterial zu bleiben.
Zwischendurch gab's noch eine Trash-TV-Phase: 2004 Big Brother, später Die Burg auf ProSieben –
inklusive der legendären Szene, in der Frédéric Prinz von Anhalt ins Badewasser von Kader Loth urinierte. Die 2000er waren wild. Karim war wohl der Einzige aus der ersten Generation, der im Gedächtnis blieb – und der heute tatsächlich als Unternehmer Erfolg hat.

Donny Weiss & Stuart Fords
Die beiden „Neuen“ der zweiten Generation.
Donny durfte beim Comeback noch einmal ran – Stuart nicht.
Ansonsten gibt es wenig über sie zu berichten. Weder musikalisch noch medial blieb irgendetwas hängen.

Und was bleibt?

Mal eines vorweg: Ich war nie Fan der Band. Ich habe recherchiert und mir ihre Lieder angehört, bis meine Ohren geblutet haben – was recht schnell passierte. Überall wird Martin Scholz als Leader geführt, vielleicht weil er maßgeblich das Comeback eingeleitet hat.
In sämtlichen Videos aus den 90ern war er aber eher im Hintergrund. Ich glaube, es war Dennis Frey, der den Fokus der Kamera hatte und die Sololines sang. Selbst mit Recherche bleibt vieles vage.
Ich wusste, dass es sie gab – aber vor der Recherche erinnerte ich mich an kein einziges Lied.
Das sagt, finde ich, schon einiges.

Andere Boybands hatten internationales Flair: Brians, Justins, Nicks und Kevins.
Die deutsche Antwort? Martin, Alexander und Dennis – klingt eher nach einem VHS-Kurs in Bochum.
Die Big Player wirkten wie Blockbusterkino mit teuren Spezialeffekten.
Touché? Eher wie ein Independentfilm, dem das Budget mitten im Dreh ausging.

So rückblickend frage ich mich:
Warum hat man aus Dennis nicht wenigstens „Lil D“ gemacht? Aus Alexander „A-Lex“? Und Martin? Mit einem zweiten Fake-Vornamen wie „Philipp“ hätte er wenigstens als „M.P.“ durchgehen können. Aber anscheinend war selbst das zu viel Individualität für Bohlen.
Offenbar war Dieter Bohlen das alles herzlich egal. Dabei weiß ausgerechnet er, wie wichtig Namen und Klang sind – zumindest als Songschreiber.
Touché sind für mich ein Stück deutscher Pop-Absurdität.
Irgendwie da. Irgendwie vergessen.
Aber dann doch noch nicht ganz.

4.6 Echt – Die Boyband, die keine sein wollte

Im hohen Norden tat sich was. Mitte der 90er gründete sich an einer Schule in Flensburg eine Schülerband mit dem nicht gerade subtilen Namen Seven Up – vermutlich benannt nach dem Getränk, ganz sicher nicht nach einem tiefen Konzept.
Doch die fünf Jungs waren gut genug, um die Aufmerksamkeit von Michel van Dyke zu erregen.
Der Hamburger Songschreiber hatte sich längst einen Ruf als kluger Texter und Mitgestalter der hiesigen Poplandschaft erarbeitet – irgendwo zwischen Mainstream und Hamburger Schule. Van Dyke sah in den Jungs etwas: einen charismatischen Frontmann, einen formbaren Sound, musikalisches Talent – und das Potenzial, mehr zu sein als nur eine Schülerband.
Er schrieb viele ihrer größten Hits. Doch anders als ein Lou Pearlman, Maurice Starr oder Dieter Bohlen wollte er keine Boyband formen. Keine kontrollierte Choreografie, keine austauschbaren Gesichter. Er sah echte Musiker – und so bekam die Band auch ihren neuen Namen: Echt.

Ihre erste Single Alles wird sich ändern (wenn wir groß sind) erschien 1998.

Zur selben Zeit liefen im Radio:

- As Long As You Love Me von den **Backstreet Boys**,
- Tearin' Up My Heart von **NSYNC**,
- No Matter What von **Boyzone**,

- und YMCA – in der **Touché-Version**, inklusive Y-förmiger Arme und einem möchtegern-coolen Rapper mit verschränkten Armen. (Sorry, aber ich komme auf dieses Lied einfach nicht klar.)

Und mittendrin: fünf normal aussehende Jungs aus Flensburg, die sangen, dass sich alles ändern würde – und dass man daran nichts ändern könne. Sie sangen über das Erwachsenwerden – und lagen damit auch musikalisch nicht falsch: Es änderte sich wirklich alles. Nur eben anders, als sie es erwartet hatten.

Denn das Problem war: Man sah fünf junge Typen, die plötzlich in der Bravo standen und bei VIVA liefen. Und das reichte. Fünf Jungs? Niedlicher Frontmann? Bravo-Starschnitt? → Boyband.
Wir, die Hörerinnen und Hörer – mich eingeschlossen – waren durch Jahre der austauschbaren Kevins konditioniert. Wir sahen Echt – und dachten: Die nächste Boyband also.
Dabei waren sie alles, was eine Boyband nicht war. Kein einheitliches Outfit, keine einstudierten Dancemoves, kein Haargel – na ja, vielleicht ein bisschen Haargel.
Aber auf keinen Fall komplett durchgestylt. Und sie sangen auf Deutsch, auch das war damals noch relativ neu. Klar, auch Oli P. hatte gerade mit „Flugzeuge im Bauch“ Erfolg, ebenso wie Xavier Naidoo mit seinem Debüt.
Der Deutschpop erwachte langsam aus dem Dornröschenschlaf, und während die Neue Deutsche Welle oft absurd und ironisch daherkam, entstanden nun

ernst gemeinte Liebeslieder, die kein Schlager waren, aber trotzdem im Radio liefen.

Echt waren da ein logischer Schritt in dieser Entwicklung, denn warum nicht auch eine Band, die über das Lebensgefühl der nächsten Generation sang? Die zweite Single war das eher peinliche „Wir habens getan“, ein Lied übers erste Mal. Aber zumindest bekam man Aufmerksamkeit, und so fremdschäm-mäßig der Text auch war – die Stimme von Kim Frank erkannte man immer wieder.
Ihr Debütalbum erschien im November 1998, war kein kommerzieller Durchbruch, aber es lief und ebnete den Weg.
Im Folgejahr erschien ihr zweites Album „Freischwimmer“, mit Songs wie „Du trägst keine Liebe in dir“ und „Weinst du“. Kein Vergleich zu Bohlen-Produktionen oder US-Klonen – das hier war eigen, textlich reif, musikalisch nicht glattgebügelt. Und durch Kim Frank als Frontmann hatte man jemanden, auf den die Kameras gerichtet waren, dessen Stimme man sofort wiedererkannte.

Die Band tourte, war in jeder Bravo, bei „Wetten, dass..?“, VIVA Interaktiv, auf Posterwänden und auf Festivalbühnen. Kim Frank wurde zum Posterboy des melancholischen Teenagerpops – unfreiwillig, aber effektiv.
Er wollte das nicht. Schaut man sich seine optische Entwicklung an: erstes Album – gestylter, niedlicher Teenager; zweites Album – längere Haare, leicht schmuddeliger Look.

In der Band-Dokumentation erzählte er, dass das bewusst so gewählt war. Er wollte nicht mehr der Posterboy sein. Er blieb es aber dennoch.

Mit „Freischwimmer“ versuchte die Band zu zeigen, dass sie mehr war – und wurde dafür übersehen. Kim begann eine Beziehung mit der neun Jahre älteren Enie van de Meiklokjes – medial ein gefundenes Fressen für jede Teeniezeitung und die Bild.
Teeniestar mit Viva-Moderatorin? Schlagzeilengold. Dadurch war Kim der Star, und die anderen vier? Im Hintergrund. Durchaus ungewollt, denn es war keine PR-Beziehung. Man wollte weg vom Teenagerimage, endlich ernst genommen werden.
Die vierte Single des Albums, „2010“, war als Statement gedacht. Im Video wollte man sich wild geben, ein Auto zerstören, nackt über die Reeperbahn laufen – und tat genau das.
Man informierte sogar die Presse, ein Fotograf war vor Ort. Obwohl etwas anderes abgesprochen war, erschien am nächsten Tag das Ergebnis: Seite 1 der Bild-Zeitung. Ein frontales, unzensiertes Nacktbild von Kim Frank. Jeder, der am Kiosk vorbeiging, konnte nun alles sehen – begleitet von einer Schlagzeile, die sinngemäß suggerierte: Denen ist der Ruhm zu Kopf gestiegen.

Die Band schien am Ende, doch dann kam der Film „Crazy“, und Echt steuerten eine Coverversion von Rio Reisers „Junimond“ bei. Für mich besser als das Original – und vermutlich das Beste, was Echt je abgeliefert haben. Es sollte ihr letzter großer Hit werden.

Ein drittes Album folgte, aber ohne den Mann im Hintergrund – Michel van Dyke war bei „Recorder“ nicht mehr beteiligt.
Man wollte einen neuen Sound, endlich weg vom Teenieimage. Mit „Wie geht es dir so“ schaffte man es noch in die Top 30, doch danach wurde es ruhig.
Die letzte Single bekam kaum noch Beachtung, das Album floppte. Zu düster, zu sperrig.
Und die Band? Zerfiel.
In der Dokumentation der Band von 2023, ‚Echt – Unsere Jugend‘, erzählen sie sehr bewegend davon.
Es waren Missverständnisse, mediales Ungleichgewicht – und vor allem fehlende Kommunikation, die das Aus besiegelten.
Man erfährt hier sehr emotional, wie sich die Band in zwei Lager teilte:
Auf der einen Seite Kim Frank – mit Moderatorin als Freundin, regelmäßig auf Titelseiten.
Auf der anderen: der Rest der Band, der sich immer mehr außen vor fühlte.
Während Kim sich zurückzog, weil er glaubte: Sie sind alle gegen mich, ich gehöre nicht mehr dazu – dachten die anderen: Da kommt er wieder als großer Star und redet kaum mit uns.
Dass so auf beiden Seiten Mauern entstanden, sah damals niemand.
Und vielleicht hätte ein einziges Gespräch zwischen Tür und Angel, ein Abend in der Kneipe, gereicht – und Echt wären nicht zerbrochen.
Wie gesagt schaut die Doku: ehrliche Einblicke hinter die Kulissen.

Und wenn alternde US-Stars gern sagen: „Meine Jugend war ruiniert“, dann sitzen hier fünf Männer

und sagen:
„Verdammt, waren wir jung – aber wir hatten so eine geile Zeit.“
Sie reflektieren, sie bedauern – und geben einen Blick auf die 90er frei, wie man ihn selten sieht.
Ich selbst war nie der große Echt-Fan. Aber ich habe diese Doku verschlungen – und dabei gemerkt: Die waren mehr, als ich damals gesehen habe.

Wie ging es weiter?

Kim Frank – Er veröffentlichte 2001 ein Soloalbum. Kein großer Erfolg, aber eine ehrliche Message: das war kein Teeniepop mehr, das war ein junger Mann auf dem Weg zu sich selbst. Schon zu Echt-Zeiten hatte er Interesse an Videoproduktion gezeigt – und wechselte bald ganz hinter die Kamera. Für ARD, ZDF, Arte. Und vor allem für Musikvideos: Viele der Mark-Forster-Videos entstanden unter seiner Regie. Heute ist Kim Frank ein respektierter Regisseur und dokumentarischer Erzähler – weit entfernt vom Bravo-Posterboy, aber mit klarem Blick zurück.

Florian Sump – Der Schlagzeuger ist bis heute erfolgreicher Musiker. Nach Echt war das Geld schnell weg, wie er selbst sagt.
Er hielt sich mit Gelegenheitsjobs über Wasser, machte schließlich eine Ausbildung zum Erzieher. Erst als Jim Pansen solo aktiv, gründete er 2012 die Kinder-Hip-Hop-Band Deine Freunde. Pop für Kinder – mit echtem Erfolg. Er saß sogar bei The Voice Kids in der Jury. Eine Karriere, die vermutlich niemand hat kommen sehen – aber die sich komplett richtig anfühlt.

Kai Fischer – Nach Echt engagierte er sich im sozialen Bereich, absolvierte seinen Zivildienst bei Station 17 und arbeitete später als Komponist und Kostümbildner. Kreativ, aber fern vom Rampenlicht. In der Band-Doku wird erwähnt, dass er schon während der Echt-Zeit mit Depressionen zu kämpfen hatte. Man kann ihm hier nur das Beste wünschen – als Künstler und als Mensch.

Andreas „Puffi" Puffpaff – Er ging nicht auf Tour, sondern gründete ein Kreativstudio in Norddeutschland. Heute ist er Mediengestalter, Webdesigner und Musikproduzent – oft im Hintergrund, aber mit klarem technischen und gestalterischen Gespür. Eine Bewegung weg vom Schein, hin zum Substanz.

Gunnar Astrup – Vom Keyboard in Flensburg ins Radiostudio nach Hamburg: Gunnar wurde Musikredakteur, später Musikchef bei Rock Antenne. Heute leitet er das Kulturfestival Flensburger Hofkultur. Keine Bravo-Cover mehr, dafür nachhaltige Kulturarbeit in der Region. Sein Weg zeigt: Auch jenseits des Poplichts kann man Wirkung entfalten.

Echt tauchten im Rahmen meiner Recherche zu Boybands erst sehr spät auf. Ich hatte nur noch vier Biografien zu schreiben und forschte noch einmal gezielt zu deutschen Bands – und zu der Frage, warum es eigentlich **nie richtige deutsche Boybands** gab. Bed & Breakfast kamen dabei schnell ins Spiel, doch je tiefer ich grub, desto mehr stellte ich mir die Frage: **Warum schafften es normale Jungs eigentlich**

nicht? Warum funktionierte es nur, wenn der Sound nach Ami klang und die Jungs wie ein US-Export aussahen?
Und dann fiel mir Echt ein.
Sie sind keine Boyband im klassischen Sinne – aber genau das gibt ihnen hier ihren Platz.
Sie **wollten es nicht sein**, wurden aber **wie eine behandelt und abgetan**.
Für mich war Echt eine dieser Bands, die in meiner Ausbildungszeit ständig im Radio liefen, und bei denen man sich fragte: Was sind das eigentlich für Typen?
Und trotzdem summte man ihre Lieder mit.
Ich kenne mehr als einen schwulen Mann in meinem Alter, für den **Kim Frank einer der ersten Crushes** war.
Sorry Kim – aber du warst nun mal Posterboy. Ob du wolltest oder nicht.
Rückblickend ist es schade, dass die deutsche Popwelt **die Stimme von Kim Frank verloren hat**. Ich finde ihn stimmlich wirklich bemerkenswert. Vielleicht hätte die Band – wäre sie zusammengeblieben – einen Imagewechsel hinbekommen. Vielleicht wären sie gereift.
So bleiben sie eine **Übergangsband**. Eine, die Deutschland ins neue Jahrtausend begleitet hat – irgendwo zwischen Bravo und Erwachsenwerden. Nicht groß genug für ein Denkmal, nicht klein genug für die Fußnote.
Aber genau deshalb so bemerkenswert.

4.7 Westlife – Die Band, die Europa überrollte... außer Deutschland

Jetzt wird's lustig. Wir werfen einen Blick auf Westlife – eine der ganz großen Boybands, glaubt es oder nicht. In Großbritannien: absolute Megastars. Beispiele gefällig?
Die ersten **sieben Singles** gingen **direkt von 0 auf 1** in die UK-Charts – das gab es vorher nicht und danach auch nie wieder. Insgesamt hatten sie **14 Nummer-1-Hits**, mehr als die Spice Girls, Madonna oder Michael Jackson. **25 Top-Ten-Singles**, über **12 Millionen verkaufte Alben** – allein in UK.

Und in Deutschland?
„Uptown Girl" war ihr größter Hit – Platz 15. Der Rest? Kaum jemand kennt Flying Without Wings, Swear It Again oder My Love. Ihre größten Songs – hierzulande fast unbekannt.
Aber Moment: Deutschland war doch das Boyband-Eldorado der 90er! Lou Pearlman kam gefühlt jedes Jahr mit einer neuen Truppe aus seiner Boyband-Goldmine und wir fraßen ihm begeistert aus der Hand. Why the hell also nicht Westlife?

Die Entstehung: Cowell trifft Walsh
Louis Walsh, der Manager von Boyzone, wusste 1998: Das war's. Boyzone war durch. Er brauchte Nachschub – also castete er in Sligo sechs Jungs: **Shane Filan, Kian Egan, Mark Feehily, Derrick Lacey, Graham Keighron** und **Michael Garrett**.

Die Band nannte sich **IOYOU**. Flop. Keine Sau interessierte sich.
Walsh zeigte das Projekt **Simon Cowell**. Ja, der Cowell – der britische Bohlen.
Musikproduzent, später Jury-Biest bei Pop Idol.
Cowell mochte die Stimmen – aber nicht die Köpfe dazu. Er sagte: „Zu viele. Die da raus." Und zack – halbe Band gestrichen. Stattdessen holte er **Nicky Byrne** und **Bryan McFadden** rein.
Die neue Fünfertruppe hieß zunächst **Westside**, musste sich aber aus markenrechtlichen Gründen bald in **Westlife** umbenennen.

Der Erfolg – aber ohne uns

Ihre erste Single, **„Swear It Again"**, erschien im April 1999 – direkt auf Platz 1. Im Herbst folgte das Debütalbum Westlife: eine Sammlung weichgezeichneter Balladen, so seidig wie die Anzüge auf dem Cover.
In UK: Euphorie.
In Deutschland: nichts.

Und genau da liegt das Problem: Westlife waren anfangs eine **Balladenband**. Das ganze erste Album? Ein einziger Soundtrack fürs Kerzenanzünden.
Aber **Deutschland wollte keine Kerzen – Deutschland wollte Beats.**
1999 waren **Backstreet Boys** und **'NSYNC** in Hochform. Der Markt war belegt – und dazu noch geprägt von **Eurodance**. DJ Bobo, ATC, Mr. President – wir wollten schnelle Nummern. Selbst **Celine Dion** und **Whitney Houston** brauchten Uptempo-Songs, um hier im Radio zu laufen.

Und dann kommen da fünf höfliche Iren, die auf Hockern sitzen und gefühlvolle Liebeslieder singen? Nichts für Bravo, nichts für VIVA, nichts für Popcorn, nichts fürs Radio.

Während Westlife in Großbritannien, Irland, Skandinavien und Asien die Charts planierten, blieb Deutschland ein weißer Fleck auf ihrer Weltkarte. Vielleicht lag's an den Hockern. Vielleicht an uns. Vielleicht daran, dass wir nicht die Art von Fans waren, für die man Flying Without Wings meint.
Louis Walsh sagte einmal, Westlife würden „Balladen singen, bis die Welt untergeht". Manchmal klang das wie ein Versprechen, manchmal wie eine Drohung.

Die Abgänge, die Statements

Bis 2004 lief alles super. Album nach Album, sogar ein Best-of. Und plötzlich sagte Bryan McFadden: Ich bin raus.
Die offizielle Begründung: Familie.
Die inoffizielle: Er hatte genug von Balladen, Hockern und Coverversionen.
Bryan wollte „echte Musik" machen – leider interessierte sich dafür kaum jemand. Während Westlife einfach ohne ihn weitersangen, versuchte sich Bryan als Solokünstler, Fernsehmoderator, Skandalfigur.
Nur als Westlife-Mitglied wurde er je wirklich gehört. Etwas, woran er sich später offenbar erinnerte, als er mit einem Boyzone-Kollegen „Boyslife" gründete – eine Zwei-Mann-Supergroup, wie man sie sich in traurigen Irish Pubs schöntrinken muss.
Er nannte Westlife einst „Balladen für Muttis" – und macht dann genau das. Auf Tour durch Hotelsäle,

Eventhallen und Nostalgiefestivals.
Der Mann, der nie wieder „Flying Without Wings“ oder Covers singen wollte, steht plötzlich mit „No Matter What“ und „Swear It Again“ auf der Bühne. Diesmal ohne Stadion, ohne Charts – aber mit Eintrittskarten für 79 Pfund. Meet & Greet inklusive.

Der nächste Knaller kam 2005:
Mark Feehily erzählt ganz nebenbei in einem Interview mit The Sun:
„Ich bin schwul. Und ich habe einen Partner.“
Keine Selbstverständlichkeit zu dieser Zeit – und dennoch: weder die Band noch die Fans lassen ihn fallen.
Er war auf dem Höhepunkt der Karriere und ging diesen Schritt – nicht rückblickend, nicht entschuldigend, sondern einfach so. Und Westlife? Machte einfach weiter.

Das große Schweigen – und der leise Abgang

Bis 2011 war Westlife zwar noch aktiv – aber die Zeichen standen auf Abschied.
Das Greatest Hits-Album war ein solider Schlusspunkt:
#1 in Irland, UK Platz 4, dreifach Platin.
Die neue Single Lighthouse dagegen? Ein Flop. Platz 32 in UK – ihr schlechtester Wert überhaupt.
Die Gravity Tour war ihr letzter großer Live-Moment: weltweit, gut besucht – aber nicht mehr euphorisch.
Musikalisch galt: Kein Cowell, kein Chart-Boom, kein Feuerwerk.
Nur noch Routine – mit Hockern und Herzschmerz.

Und dann standen sie wieder da
2018 – sechs Jahre später.
Dieselben Hocker. Dieselben Stimmen. Nur ein paar Falten mehr.
Westlife waren zurück.
Nicht als Witz, nicht als RTL-II-Doku – sondern mit neuem Material, geschrieben von **Ed Sheeran**.
„Hello My Love" hieß der erste neue Song. Das Album Spectrum landete auf Platz 1 in UK. Die „Twenty Tour" war ausverkauft, Asien lag ihnen erneut zu Füßen.
Nur Bryan fehlte. Und niemand schien ihn zu vermissen.
Er selbst sagte später, er sei nicht einmal gefragt worden, ob er beim Comeback dabei sein wolle.
Auch das war ein Statement. Von ihm – und vom Rest der Band.

Wild Dreams (2021) war das letzte Album mit Mark Feehily – vorerst.
2024 stieg er wegen anhaltender gesundheitlicher Probleme aus dem Live-Betrieb aus. Offiziell gehört er noch zur Band, aber auf der Bühne stehen seitdem nur noch drei.
Westlife sind also zu viert. Auf dem Papier.
Und falls Mark irgendwann zurückkehrt – was er selbst hofft –, wird sich zeigen, ob das Papier dann wieder zur Bühne wird.

Was machten Westlife nach dem aus?

Shane Filan – versuchte sich nach dem Westlife-Aus an einer Solokarriere. Drei Alben, viele Balladen, kein Skandal. Er ging pleite mit Immobilien, rappelte sich auf – und machte weiter. Ein bisschen wie Westlife in Person: niemals spektakulär, aber irgendwie immer da.

Mark Feehily – war nie der große Popstar, aber der ehrlichste Westlife-Solist. Er nutzte seine Karriere nicht für Ruhm, sondern für Repräsentation. Während andere am Comeback feilten, veröffentlichte er Songs, die niemand streamte, aber jeder fühlen konnte. Bei The Masked Singer wurde er wegen seiner Stimme sofort erkannt – und blieb trotzdem bis ins Finale dabei.

Nicky Byrne – war nie der große Sänger – aber der geborene Moderator. Nach Westlife wechselte er ins irische Fernsehen und wurde dort zum sympathischen Dauergrinsen der Nation. Nur einmal versuchte er's mit Musik – beim ESC 2016. Sunlight floppte, das Halbfinale war Endstation. Aber Nicky nahm's sportlich – und moderierte einfach weiter.

Kian Egan – wollte nie der Star sein. Nach Westlife coachte er bei The Voice of Ireland, gewann das britische Dschungelcamp und veröffentlichte ein Soloalbum mit Coverversionen – das war's dann auch. Heute lebt er mit Frau und Kindern in Irland, weit weg vom Popzirkus. Wenn einer von ihnen angekommen ist, dann vermutlich er und obwohl er eher der Tänzer im Hintergrund war. Er gibt immer die Vibes das Herz der Band gewesen zu sein.

Bryan McFadden – war der Erste, der ging – und der Einzige, der es bereute. Nach Westlife versuchte er's mit Rock, Rebellion, Realness. Seine erste Single ging noch auf Platz 1, danach nur noch abwärts. Skandale, Scheidung, Auswanderung, Reality-TV. Heute tingelt er mit Keith Duffy als Boyzlife durchs britische Nostalgiegeschäft. Klingt traurig? Vielleicht. Vielleicht auch ehrlich und das einzige was er noch hat.

Und ich?

Meine Aufmerksamkeit bekamen sie – wie so viele – mit Uptown Girl. Ich hörte mir ihr Best-of-Album an und fand es gut. Ich verstand, warum sie so erfolgreich waren. Auch wenn ich fand – und bis heute finde – dass gerade Mark auf den Alben singt wie ein Engel, aber mich live eher enttäuschte.
Westlife waren immer irgendwie ein Geheimtipp im Boyband-Wahnsinn. Nicht der lauteste, nicht der coolste – aber sie funktionierten. Und auch Bryans erste Solosingle mochte ich. Nur:
Sie waren eben immer ein bisschen aalglatt.
Wenig Ecken, wenig Kanten – und damit nie ganz so spannend wie andere Bands ihrer Art.

5. Der letzte Schrei! Die 2000er

Während die Bands noch versuchten, an alten Erfolgsformeln festzuhalten, hatte sich die Welt längst weitergedreht: Das Internet trat auf den Plan – und stellte alles auf den Kopf.
Der große Boyband-Hype hatte seinen Zenit überschritten. Lou Pearlman bekam Stress mit seinen Zugpferden, die sich aus seinen Knebelverträgen befreien wollten.
Zwar versuchte er, mit neuen Gruppen noch einmal durchzustarten – doch das sorglose Jungs-Image, die Vorstellung von fünf netten Typen mit einstudiertem Hüftschwung, begann zu bröckeln.

Auch bei anderen Bands zeigten sich Risse: Robbie Williams hatte Take That im Streit verlassen – und startete in den 2000ern als Solostar durch.
Justin Timberlake ebenso – was NSYNC für ihn überflüssig machte. Und ohne Justin war NSYNC einfach nur noch eine Tanzgruppe mit Backing Vocals.
Caught in the Act? Zerbrochen.
Boyzone? Noch ein größeres Beben. Denn Stephen Gately war verliebt – in Eloy de Jong.
Man konnte die Mädchenherzen quasi hören, wie sie in Zeitlupe zerbrachen – während die einstigen Herzensbrecher lieber einander die Herzen brachen.
Das Idealbild war dahin. Es wurde deutlich: Boybands waren keine Liebesbriefe, sie waren ein Geschäftsmodell. Und das konnte man nur so lange aufrechterhalten, wie die Fassade hielt.

Spätestens jetzt begann die Frage zu gären:
Gab es in jeder Boyband mindestens einen Schwulen?
War das alles nur Show?
Natürlich.
Wenn man heute auf die Backstreet Boys zurückblickt, sieht man fünf Männer, die Millionen verdienten – und später mit Alkoholproblemen, Vergewaltigungsvorwürfen und Verschwörungstheorien kämpften. Die Marke war makellos, die Männer dahinter nicht.

Die Branche reagierte nervös. Seit Gately sich geoutet hatte – und auch noch mit einem Sänger der Konkurrenz liiert war – wurde eine Frage laut, die sich vorher keiner zu stellen wagte:
Wie echt ist mein Schwarm eigentlich? Mag der mich – oder hätte er lieber meinen Bruder?

Die Antwort der Industrie?
Ein genialer Marketing-Zug namens Metrosexualität. Plötzlich durften Boyband-Mitglieder Eyeliner tragen, rosa Hemden anziehen, sich die Nägel lackieren. Sie durften sich feminin geben – **aber** ganz ohne ihre Heterosexualität in Frage zu stellen.
Der Subtext lautete:
„Wir sehen schwul aus – aber keine Sorge, Mädels, wir wollen euch trotzdem knutschen."
Metrosexuell war der Kompromiss der 2000er: ein bisschen queer, aber bitte nicht zu echt.
Die Jungs waren angeblich so gefestigt in ihrer Männlichkeit, dass sie sich wie Schwule benehmen durften – ohne welche zu sein.

Das Ideal blieb unangetastet:
Projektionsfläche, aber ohne Realität.
Heute kennt den Begriff Metrosexualität kaum noch jemand. Er war ein kurzes Aufflackern – eine Notlösung, um weiter Sehnsucht zu verkaufen, ohne sich der Wahrheit zu stellen. Ein Versuch, das alte Modell zu retten.
Doch die Sehnsucht der Fans war nicht mehr dieselbe.
Und die Welt auch nicht.

Boybands zum Mitwählen – Die TV-Castingzeit

Dennoch mussten einfach neue Gesichter her. 2000 wurde mit Making the Band ein Castingformat geschaffen, bei dem die Mädchen live dabei sein konnten, wie ihre neue Band zusammengestellt wurde. So entstand der sehr kurzlebige Versuch O-Town. 2003 war schon wieder Schluss. Lou Pearlman setzte weiter auf das Format und mit Big in America machte er erneut eine neue Boyband, die er im Fernsehen zusammenstellte – dieses Mal mit gemischten US-Gesichtern und deutschen Sängern. So entstand 2005 US5.
Auch in diese Zeit passt Natural, 1999 gegründet und wieder von Pearlman produziert. Sie waren bis 2004 aktiv und sie alle wirken fast wie Wegwerfware:
Bands, die 1–2 Hits hatten, ins Ohr gingen, ein paar Kissen und Tassen mit ihren Gesichtern verkauften, aber nie eigenständig genug wurden, um Forderungen stellen zu können.

Wo Pearlman mal nicht seine Finger im Spiel hatte, war Blue. Zwei der Sänger lernten sich bei Pop Idol in England kennen und holten die anderen beiden hinzu. Obwohl die Band nur fünf Jahre bestand und sich schon 2005 wieder trennte, konnte sie einige Erfolge verbuchen.

Auch im deutschen Fernsehen setzte man jetzt auf das Prinzip Boyband zum Mitgucken: 2003 entstand im Rahmen von Popstars – Das Duell die Band **Overground**.
Die Zuschauerinnen konnten abstimmen, mitfiebern, Poster sammeln, Tränen vergießen. Der Erfolg kam prompt – ihre Debütsingle ‚Schick mir 'nen Engel' wurde ein Nummer-1-Hit.
Doch wie so oft in den 2000ern war der Hype schnell vorbei. Schon nach zwei Jahren war Schluss – und Overground reihten sich nahtlos in die Liste der Popstars-Bands ein, die kamen, sahen und in den Regalen der Media-Märkte verstaubten.

Ganz anders Westlife, eine irische Casting-Band. Ende der 90er gegründet, feierten sie Anfang der 2000er große Erfolge in Großbritannien.
In Deutschland waren sie hingegen weitgehend unbekannt, bis sie mit dem Cover von Roy Orbison's ‚Uptown Girl' auch hier einen Mini-Durchbruch hatten.
Erstaunlich, denn in England waren sie absolute Abräumer. Von 1999 bis 2006 hatten sie 14 Nummer-1-Hits – etwas, das nur Elvis Presley, die Beatles und Cliff Richard übertroffen haben. So etwas haben weder die Backstreet Boys, noch Take That oder

NSYNC geschafft. Bei uns laufen sie eher unter: „Ach ja, die gab es ja auch mal."

Im Jahr 2001 wurde auch die New Yorker Boygroup B3 gegründet. Ich führe sie gerne auf, weil sie etwas zeigen: Langsam neigt sich der Hype dem Ende zu. Bis auf Westlife hatten alle Bands nur noch 3–4 Jahre, in denen sie aktiv waren, und zerfielen danach.
B3 wurde groß mit Bee Gees-Covern und hatte mit „I.O.I.O." den Sommerhit 2002. Doch auch hier war der Frontmann Rod nicht der Publikumsliebling.
Die Mädchen mochten lieber den eher schüchternen John. Also bekam John mehr Rampenlicht – doch zu große Egos führten dazu, dass Rod eine Solokarriere startete, und ein neuer Sänger für B3 gecastet wurde. Mit Blair schaffte die Band noch einige Top-20-Hits, doch eines fiel auf: Um sich zu verkaufen, mussten sich die Jungs nun deutlich mehr ausziehen.
Jede Single wurde mit Shirtless-Fotos beworben. ‚Sex sells', mehr denn je – wohl auch, weil sich das alte Rezept nicht mehr so gut verkaufte.

Parallel zum musikalischen Wandel veränderte das Internet die Spielregeln grundlegend. Napster, YouTube und später soziale Netzwerke eröffneten Fans neue Wege, Musik zu entdecken – und Boybands verloren zunehmend die Kontrolle über ihr Image und die Vermarktung.
Zudem verlangte das Publikum nach mehr Authentizität: Die perfekt choreografierten Posterboys wirkten in den Augen vieler zunehmend künstlich und austauschbar.

Gleichzeitig zeigte sich in den Karrieren einzelner Mitglieder, wie sehr das Boyband-Image ihre künstlerische Freiheit einschränkte – viele wie Justin Timberlake oder Robbie Williams brachen aus und entwickelten sich zu eigenständigen Künstlern.
Ausnahmen, andere Boybandsänger warfen auch ihren Solohut in den Ring und scheiterten, etwa Nick Carter, Brian McFadden oder John Sutherland.
Doch die intensive Vermarktung hatte auch ihre Schattenseiten: Der Druck, ständig jung, makellos und erfolgreich zu bleiben, führte bei vielen jungen Männern zu psychischen Belastungen, Suchtproblemen und öffentlichem Medienrummel, der oft alles andere als positiv war.

Und dann kam O-Zone – drei Jungs aus Moldawien, ein viraler Hit, kein Sixpack, kein Stylingteam, keine Choreo. Einfach nur: Ma-ia-hii, ma-ia-huu, ma-ia-haa-haa. Plötzlich brauchte es keinen Produzenten mehr – nur einen guten Hook und Internet. Die Boybands waren offiziell überholt.

Und während klassische Boybands langsam ausliefen, rollte mit Tokio Hotel schon die nächste Welle heran – keine Boyband im eigentlichen Sinne, aber mit ähnlicher Inszenierung: Teenie-Hysterie, Bravo-Lovestorys, Posterwände. Nur dieses Mal mit Gitarren statt Tanzmoves – und Eyeliner statt Sixpack.

5.1 O-Town – Pearlmans ‚Gierschaden'

1999 entstand O-Town. Die Zeit hatte sich geändert: Der Zugang zum Internet wurde alltäglich, alles wurde gläserner – auch Boybands.
Heute ist es selbstverständlich, über Social Media Einblicke in private Bereiche von Stars zu bekommen. Damals waren die Medien gedruckt oder liefen über Fernsehen – für Musik allen voran MTV. Sonst erfuhr man nichts über seine Lieblinge.
Die Idee, mit der Zeit zu gehen, war also durchaus klug: Das Publikum durfte live dabei sein, als Lou Pearlman – das Mastermind hinter Backstreet Boys und *NSYNC – im Rahmen der MTV-Serie Making the Band eine neue Boygroup castete. Inklusive kleiner Dramen, ein wenig nackter Haut und allem, was dazugehört.

Aus dem Projekt entstand O-Town. 2000 erschien das Debütalbum, und mit ‚Liquid Dreams' gelang der Einstieg in die Top 10 der US-Charts. In Kanada landete die Single sogar auf Platz 1. In Deutschland dagegen nur auf Platz 39 – ein erstes Anzeichen für eine beginnende Boyband-Ermüdung?
Immerhin galt Deutschland bis dahin als Testlabor für neue Boybands.
Heute gilt „Liquid Dreams“ eher als peinlicher Klassiker. Jungs singen davon, wie ihre Traumfrau aussehen soll – hyperstilisiert, fetischisiert, körperzentriert. Fast schon Teenager-Fantasie zum Mitsummen.

Und dann dieser Titel: Liquid Dreams – ein Euphemismus für nächtliche Ejakulation. Wie war das noch mal mit dem ersten guten Eindruck?

Mit „All or Nothing“ schafften O-Town den Sprung auf Platz 3 der US-Charts, in Kanada sogar auf die 1. Auch in Deutschland lief es besser: Platz 20. Die Single wurde über eine Million Mal verkauft, erhielt Platin – ihr größter Hit.
Lustiger Funfact: Der Song wird bis heute oft fälschlich NSYNC oder den Backstreet Boys zugeschrieben – ein Zeichen, wie austauschbar diese Powerballaden damals waren.
Und ja: Die Backstreet Boys hatten das Lied tatsächlich angeboten bekommen – und **abgelehnt**. Nicht gut genug für sie. Für O-Town schon.
Und das Beste?
Während der Song im Radio rauf und runter lief, während Mädchen in Talkshows weinten und Bravo-Starschnitte an Schränken hingen, mussten sich O-Town zu viert ein Hotelzimmer teilen.
Platin an der Wand – und Stockbetten im Zimmer. Willkommen im Boybandleben.

2001 folgte das Debütalbum ‚O-Town'. Solide. In den USA 1,7 Millionen verkaufte Einheiten, Einstieg auf Platz 5 der Billboard 200. In Kanada wieder Platz 1. Deutschland? Platz 30 – ein weiteres Indiz, dass sich die Band in Europa einfach nie richtig durchsetzte. Die Kritiken waren durchwachsen bis vernichtend: austauschbare Songs, wenig Substanz.
Nur „All or Nothing“ wurde durchgehend positiv erwähnt.

Ende 2002 erschien das zweite Album ‚O2' – und floppt. Weder in Deutschland noch im UK schaffte es das Album in die Charts. Auch in den USA blieb man deutlich hinter den Erwartungen zurück. O-Town versuchte, erwachsener zu klingen, doch der Versuch kam nicht an. ‚O2' war keine Neuerfindung – es war ein Abschied.

Kurz darauf verließ Frontmann Ashley Parker Angel die Band, offiziell wegen familiärer Verpflichtungen. Im Sommer 2003 ging die Band in eine „Pause", Ende des Jahres war klar: O-Town löst sich auf. Ohne Knall, ohne Drama – einfach ausgeblendet.
Aber warum floppte O-Town eigentlich so massiv?

2003 war die Luft raus. Die Boyband-Welle war totgeritten. Der Markt übersättigt, das Publikum müde. Lou Pearlmans Ruf war durch rechtliche Streitigkeiten und seine gierige Expansionspolitik massiv beschädigt.
Der Mann schien davon überzeugt, die Boybandformel perfektioniert zu haben – und wie immer hatte er ein Ass im Ärmel: die Band **Natural**.
Keine klassische Choreoband, sondern Jungs, die Instrumente spielten. Eine Band mit Rock-Anstrich, vermarktbar als „authentischer". In Deutschland war Natural erfolgreicher als O-Town, in den USA war es umgekehrt.
Der Denkfehler: Beide Bands bedienten dieselbe Zielgruppe. Pearlman ließ sie zeitgleich auf den Markt los – und nahm sich selbst die Hörer weg. Vielleicht war er überfordert. Vielleicht zu gierig. Das zweite O-Town-Album kam viel zu spät – da war der kurze Hype schon abgeklungen.

Man kann es auch so sagen: Hätte Pearlman sich auf eine Band konzentriert, O-Town oder Natural hätten vielleicht drei, vier Alben gemacht – mit echten Hits. So aber verpufften beide. Kollateralschäden seines eigenen Systems.
O-Town war der Anfang vom Ende. Ja, Pearlman hatte danach noch kurzfristig Erfolg mit Natural – zumindest in Deutschland. Und auch US5, sein späteres Projekt, zündete dort noch einmal. Aber:
O-Town war seine letzte Boyband, die er in den US-Charts unterbringen konnte. Danach kam nichts mehr. Keine Single, kein Album, keine neue Band, die in den USA Fuß fasste. Pearlman versuchte es weiter – mit neuen Formaten, neuen Gesichtern, neuen Versprechen. Aber der Markt war satt. Und sein Ruf war ruiniert. O-Town war da schon Geschichte – doch ganz verschwunden waren sie nie.

Das Comeback – zu viert, ohne Pearlman

Nach fast zehn Jahren Pause kamen O-Town zurück. Alle regulären Mitglieder waren wieder an Bord – außer Ashley. Der wollte sich auf Soloprojekte und seine Familie konzentrieren. Man respektierte seine Entscheidung, machte aber zu viert trotzdem weiter: als gleichberechtigtes Team, ohne Pearlman, ohne Plastikpop, dafür mit vielen neuen Songs. Zu Ashley kommen wir in Kapitel 10 nochmal zu sprechen.
O-Town wurde Teil des Nostalgie-Projekts Pop2000, das zum Teil von NSYNC-Mitglied Lance Bass moderiert wurde und einige Boyband-Reste der 2000er gemeinsam auf Tour schickte. Keine ausverkauften Stadien mehr – aber volle Clubs, Retro-Messen, Fan-Cruises. Und jede Menge Wiedersehensfreude.

Was wurde aus den Jungs?

Ashley Parker Angel
Wie gesagt: Lest Kapitel 10. Kurzfassung: Es geht ihm gut.

Trevor Penick
Unter dem Künstlernamen Tre Scott veröffentlichte er 2006 eine Solo-Single, 2021 landete er mit dem Dance-Track ‚Sin City' einen iTunes-Nummer-1-Hit. Er spielt regelmäßig kleine Solo-Gigs, war in Schauspielprojekten aktiv und arbeitet an einem eigenen Comedy-Programm. Von allen ist er wohl der vielseitigste.

Jacob Underwood
Gründete die Band Jacob's Loc, veröffentlichte eine EP, studierte Business in New York, arbeitete in der Musikszene – u. a. als Techniker bei Guitar Center. Heute tourt er wieder mit O-Town. Ein leiser Typ mit Country-Vibe und Substanz.

Dan Miller
Das berühmte „Ersatzmitglied", das in der Show nachrückte, als Ikaika ausstieg. In der Serie wirkte er wie zweite Reihe – nicht vorgesehen, aber gebraucht. Und vielleicht gerade deshalb überrascht er: Heute ist Dan einer der aktivsten aus der Band. Er macht bis heute Musik mit seiner eigenen Country-Band, ist erfolgreicher Entertainer und Veranstalter. Viele hätten ihm diesen Weg nicht zugetraut. Er hat ihn trotzdem gemacht.

Erik-Michael Estrada
Der ruhige Pol der Band. Spielte in mehreren Filmen kleine Rollen, blieb musikalisch aktiv – auch mit Soloprogramm. Kein Popstar mehr – aber einer, der dem Musikgeschäft treu blieb. Stabil, zurückhaltend, präsent.

Ikaika Kahoano
In der Show hieß es: gesundheitliche und familiäre Gründe. Doch später trat er der Boyband LMNT bei – einer Art Making the Band-Resteverwertung, die 2002 im Vorprogramm von Britney Spears auftrat. Danach war Schluss – zumindest mit dem Ruhm. Ikaika aber machte weiter: Schloss sein Biologie-Studium mit Auszeichnung ab, ging fünf Jahre zur Armee, wurde Fitnesscoach, modelte, moderierte eine Radio-Show, engagiert sich lokal auf Hawaii. Ich glaube fast, er hat alles richtig gemacht.

5.2 Natural – Perlmans Versuch des Imagewechsels

Lou Pearlman, der Mastermind hinter den großen Boybands der 90er – manchmal wirkt er wie ein Batman-Schurke, der im Verborgenen seinen nächsten Plan ausheckt, um die Welt mit der nächsten Boyband zu überrollen. Nur dass Batman nie kam, um ihn zu stoppen. Und das Wort Schurke ist dabei nicht einmal übertrieben.

1999 liefern sich Backstreet Boys und NSYNC ein Duell um Charts, Fans und Arenen. Beide sind auf dem Zenit ihrer Karriere – doch hinter den Kulissen bröckelt es: Die Backstreet Boys haben Pearlman bereits verklagt und sich losgesagt, NSYNC steht kurz davor, denselben Weg zu gehen.
Doch Pearlman weiß, wie man verkauft. Die Songs müssen stark sein – aber entscheidend sind die Gesichter: jung, glatt, marktfähig. Gleichzeitig spürt er die wachsende Kritik am Boyband-Prinzip:
Retortenbands, Choreografie statt Können, Sixpacks statt Substanz.
Zeit für einen Imagewechsel.

Mit Natural, gegründet 1999, versucht er etwas Neues – oder zumindest etwas, das nach neu aussieht. Ja, die Jungs sind gecastet. Ja, sie sind hübsch. Aber diesmal spielen sie selbst Instrumente. Eine Boyband – die Band wörtlich genommen.
Natürlich greift auch Natural auf bewährte Boyband-Zutaten zurück: klare Rollenverteilung, durch-

trainierte Körper, Hochglanzfotos. Doch der Sound ist rauer, gitarrenlastiger – irgendwo zwischen Pop und Softrock. Es gibt Balladen, aber auch Powerchords. Kurz: eine Boyband, die so tut, als sei sie keine.

Ihre Debütsingle ‚Put Your Arms Around Me', veröffentlicht Ende 2001, wurde in den USA ein Achtungserfolg und stieg in Deutschland direkt auf Platz 25 der Charts ein. Die Band feierte ihre größten Erfolge in Deutschland, Österreich und den Philippinen.
Sie traten bei NASA-Events auf, sangen vor dem Start von Raumfähren – eine Boyband auf Weltraummission. Vermutlich die erste, die je die US-Hymne vor einem Shuttle-Start performte.

2004 wurde schließlich zum Schicksalsjahr für Natural. Mit der Single „Just One Last Dance" landeten sie ein Duett mit Sarah Connor – und Frontmann Marc Terenzi teilte sich mit ihr nicht nur das Mikrofon, sondern auch eine sehr offensichtliche Chemie. So offensichtlich, dass er kurz darauf ihre Beziehung öffentlich machte.
Für Lou Pearlman ein Skandal!

Boybands verkauften das Image der erreichbaren Jungs – immer Single, immer verfügbar. Verliebtsein war nicht vorgesehen, schon gar nicht öffentlich. Selbst wenn die Band „Natural" hieß, war genau das alles andere als natürlich. Pearlman warf Terenzi kurzerhand aus der Band. Doch die anderen Mitglieder weigerten sich, ohne ihn weiterzumachen.
Das war das Ende von Natural.

Natural war nie der ganz große Wurf für Lou Pearlman.
Zeitgleich aktiv waren auch O-Town – ein weiterer Auswuchs seiner Castingmaschine.
Durch das Livecasting bei MTV war O-Town in den USA medial omnipräsent, viel näher an dem, was der Markt gewohnt war: choreografierte Körper, kalkuliertes Drama, schnelles Fan-Kapital.
Und es funktionierte: O-Town landeten mit Liquid Dreams direkt einen Top-Ten-Hit in den USA – etwas, das Natural nie gelang.

Natural war eher ein Experiment.
Ein Versuch, das Image des Pearlman-Imperiums aufzupolieren – mit Instrumenten, mit Bandgefühl, mit musikalischer Glaubwürdigkeit.
Aber im Grunde war die Band Exportware für den deutschen Markt, der Pearlman weiterhin blind vertraute und ihm sprichwörtlich aus der Hand fraß.
O-Town hingegen war das, was Pearlman wirklich konnte:
Junge Männer für den Massenmarkt produzieren. Verpackt, vermarktet, verkauft.
Natural war die Ausnahme.
O-Town die Regel.

Die Band hatte, wenn man so will, anderthalb Alben. ‚Keep It Natural' erschien 2002 und war ein moderater Erfolg in Deutschland – kein großer Wurf, aber solide platziert. Das zweite Album, It's Only Natural, klang deutlich rockiger und enthielt erstmals Songs, an denen die Bandmitglieder selbst mitschrieben.
Warum ich es nur als halbes Album zähle?

Weil es 2004 erschien – ohne Veröffentlichung in den USA, mit kaum internationaler Promo, und vor allem: ohne funktionierende Band.
‚Just One Last Dance' wurde zwar ein großer Hit – doch kurz darauf kam die Trennung. Ohne Tour, ohne Interviews, ohne Vermarktung blieb das Album deutlich unter seinem Potenzial.

Es zeigt, was im Boyband-Kosmos von Lou Pearlman oft galt:
Widersprich ihm – und deine Karriere ist vorbei.
Natural hatte nicht das Standing der Backstreet Boys oder NSYNC.
Sie hatten keine Fanarmee, die sie durch einen Managerwechsel getragen hätte. Ohne Pearlmans Unterstützung war Schluss. Punkt.
Sie versuchten nicht einmal, auf eigenen Füßen weiterzumachen – wie denn auch?
Die Rechte an ihren Songs lagen vermutlich bei Pearlman. Sein Ruf war zu dieser Zeit bereits angeschlagen. Und selbst wenn sie mit neuem Namen weitergemacht hätten, wäre das Pearlman-Stigma an ihnen haften geblieben.
Nur ohne seine Kontakte, ohne sein Geld, ohne ein Label im Rücken.

Werfen wir einen Blick auf die Mitglieder:

Ben Bledsoe – 2005 startete er eine Solokarriere. Er veröffentlichte ein Indie-Album, das in Deutschland gar nicht so schlecht lief. Er schrieb den Großteil der Songs selbst, spielte Klavier, Gitarre und Bass ein – und brachte das Ganze über sein eigenes Label 44th Floor Records heraus. Auch hier sieht man: Herr Bledsoe wollte etwas. Nebenbei hatte er Gastrollen in Serien wie Glee, House oder CSI, spielte am Broadway und arbeitete als Synchronsprecher für Animationsfilme und Videospiele.

Patrick King – Er blieb bei Pearlman. Dieser versuchte Ende 2004, eine neue Version von Natural aufzustellen – mit King als einziger Verbindung zur alten Besetzung. Das Projekt scheiterte, selbst eine spätere Umbenennung in Well Worn Zero brachte nichts. Danach krähte kein Hahn mehr. Zuletzt war King in der Netflix-Doku Dirty Pop: The Boy Band Scam zu sehen, wo er erzählte, sieben Jahre mietfrei bei Pearlman gelebt zu haben – während der Zeit, in der er für ihn auf Tour war. King verschwand schließlich von der Bildfläche.
Anhänglichkeit zu Pearlman bringt nicht immer Ruhm.

Joshua Michael Horn – verschwand nach Natural praktisch von der Bühne. Wer sich an ihn erinnert, denkt an Tasten und Harmoniestimmen – nicht an Solo-Alben oder neue Projekte. Vielleicht war sein Rückzug auch Selbstschutz nach dem Drama um Pearlman. Horn blieb im Schatten – ein Hinweis darauf, dass nicht jeder Boyband-Star bereit ist, unter Kontrolle weiterzuleben.

Michael Johnson – Nach Natural schloss er sich der Band Lukewarm Freeda an, auch hier als Schlagzeuger. Bis auch dieses Projekt sich irgendwann auflöste. Seit 2005 betreibt er sein eigenes Label Blue Suede Records und ist weiterhin als Songschreiber und Musiker aktiv. 2008 war er gemeinsam mit Marc Terenzi Teil des Projekts Terenzi. Ab 2011 spielte er bei der LA-Band New Beat Fund, schrieb eigene Songs, platzierte Musik in TV-Serien wie Veronica Mars und arbeitete auch an Filmprojekten mit.

Marc Terenzi – Den setzen wir natürlich ans Ende, denn für das deutsche Publikum ist er der bekannteste. Er veröffentlichte mehrere Soloalben und wurde zum Reality-Star. Seine Beziehung mit Sarah Connor verschaffte ihm massive mediale Präsenz. Auf ProSieben lief Sarah & Marc in Love, später Crazy in Love. Doch sein Stern begann zu sinken. Die Beziehung hielt trotz zweier gemeinsamer Kinder nicht – 2010 folgte die Scheidung. Danach hörte man von Alkoholproblemen.
Trotzdem: Er veranstaltete erfolgreich Terenzi Horror Nights im Europa-Park. Und 2017 katapultierte er sich nochmal ins Rampenlicht – als Gewinner von Ich bin ein Star – Holt mich hier raus. Denn Charisma hat er. Später tourte er als Stripper bei den Sixx Paxx, war Mitglied der Schlagerband Team 5ünf – wurde dort aber wegen Unzuverlässigkeit rausgeworfen. 2022 war er am Tiefpunkt, ließ sich selbst in eine Klinik einweisen. Sarah Connor – längst getrennt –

unterstützte ihn dennoch. Nicht nur, weil sie Kinder teilen, sondern weil da wohl noch etwas Menschliches blieb.
Im Zuge der Netflix-Doku und der Vorwürfe von Jay Khan äußerte sich auch Terenzi zu Lou Pearlman – und sagte, er habe Ähnliches erlebt wie Khan. Man sollte das nicht abtun mit: Der will doch nur Aufmerksamkeit.
Sexueller Missbrauch ist kein Thema, über das man lacht.

Was bleibt?

Während andere sich längst distanzierten oder öffentlich gegen Pearlman aussagten, blieb Patrick King auffallend loyal – auch Jahre später.
Was genau diese Nähe bedeutete, ist nie wirklich thematisiert worden.
Doch wer Dirty Pop aufmerksam schaut, merkt schnell: In Pearlmans Welt gab es Nähe, Kontrolle und Schweigen – und selten war klar, wo das eine aufhörte und das andere begann.
Natural ist ein Paradebeispiel dafür, wie Boybands funktionieren – und was passiert, wenn sie versuchen, selbst die Kontrolle zu übernehmen.
Wenn sie sich etwas nehmen, das ihnen nie zugestanden wurde – Selbstbestimmung.
Pearlman konnte es Terenzi nicht durchgehen lassen, öffentlich in einer Beziehung zu sein. Er musste ein Exempel statuieren.
Hätte er das nicht getan, hätten auch andere aus seinen Projekten irgendwann geglaubt, sie dürften frei sein. Das Konzept, eine authentischere Boyband zu erschaffen, war für Pearlman gescheitert.
Künftig ging er wieder seine alten Wege.

5.3 B3 – Bee-Gees-Cover, oder auch mehr?

Jetzt gehen wir mal tief rein. Denn wir haben hier keine globalen Superstars – eher ein deutsches Phänomen. Aber mehr sollte es wohl auch nie werden.

2001 war klar: Die Tage von NSYNC und den Backstreet Boys waren gezählt. Die Jungs wurden zu alt, und es war nur eine Frage der Zeit, bis der Markt neue Gesichter wollte. Die Produzenten **Christian Geller** (u. a. No Angels, David Hasselhoff) und **Alex Christensen** (U96, später Alex C.) arbeiteten an einem neuen Boybandprojekt – mit einer ungewöhnlichen Vorgabe: US-Jungs, aber gezielt für den deutschen Markt.
Thomas M. Stein, bekannt durch DSDS und als Führungskraft bei BMG Ariola, holte das Projekt ins eigene Haus. Man castete in New York drei Jungs, die gut aussahen und singen konnten.
Und statt teurer Eigenkompositionen? Man setzte auf ein bewährtes Modell: Covern statt komponieren – ganz wie Westlife oder A*Teens.
Die Bee Gees boten sich an: Bekannt, eingängig, lizenzierbar. Ziel: Die Eltern sollten die Lieder wiedererkennen und mögen – die Teenager bekamen bekannte Melodien im modernen Boyband-Gewand. Der Name B3? Ein seltsamer Move, wenn man an die Bundesstraße denkt – aber vermutlich einfach: drei Boys. B3.
Die Debütsingle war ‚You Win Again', für viele ein unterschätzter 80er-Hit der Bee Gees. Dazu ein Video,

in dem die Jungs so freundlich lächeln, als würden sie Zahnpasta verkaufen – das reichte für einen soliden Start: Platz 26 in Deutschland, Platz 19 in Österreich. Sicher hatte man mehr erwartet.
Im Folgejahr kam die etwas schnellere Nummer ‚Nightfever', ebenfalls ein Bee-Gees-Cover – minimal schlechter platziert (Platz 31 in Deutschland). Dann aber folgte im Sommer 2002 ‚I.O.I.O.', ein eher unbekannter Bee-Gees-Song – und der wurde zum Sommerhit. Platz 4 in den Charts, Goldstatus – plötzlich waren die Jungs überall.

So präsent, dass es sogar wirkte, als bekämen sie ein Double: B4-4 tauchte auf – eine kanadische Boyband mit ähnlich kryptischem Namen. Sie wirkten wie die Restetrinker auf einer Party und hatten bei weitem nicht den Erfolg von B3. Tatsächlich gab es B4-4 schon seit 1999 in Kanada, aber der Versuch, in Europa Fuß zu fassen, scheiterte. Der Name mag Zufall gewesen sein, der Zeitpunkt war es sicher nicht.

Aber zurück zu B3.
Die Band bestand aus:

- **Rod Michael**: Der Frontmann, laut, präsent, einer der beiden Leadsänger.
- **John Steven Sutherland**: Der verträumte mit der starken Stimme – große Augen, süßes Lächeln, Liebling der Fans.
- **Tim Cruz**: Mr. Waschbrettbauch, optisch omnipräsent, stimmlich eher Randfigur.

‚I.O.I.O.' brachte ihnen den großen Durchbruch – aber auch Probleme. Denn: Der Song wurde maßgeblich von John gesungen. Plötzlich war er das Gesicht der Band, nicht mehr Rod.

Das führte zu Spannungen. Rod verließ die Band wegen „musikalischer Differenzen“ – offiziell. Wahrscheinlicher ist: zwei Egos, ein Mikrofon, keine Zukunft.

Also: War das das Ende von B3?
Natürlich nicht. B3 hatte gerade Geld gemacht, und wir reden hier nicht von künstlerischer Integrität, sondern von einem Pop-Projekt. In so einer Boyband ist jeder ersetzbar. Man fand einen neuen Sänger: **Blair Madison Carlisle** – hellblond, optisch wirksam. John rückte ins Zentrum, Blair wurde die neue Nummer zwei. Die erste gemeinsame Single ‚Tonight and Forever‘ erreichte Platz 10 in Deutschland – ein Achtungserfolg. Zu dieser Zeit war B3 quasi Stammbesetzung bei Sendungen wie Viva interaktiv, The Dome, die Bravo Supershow oder Top of the Pop. Das zugehörige Album ‚N.Y.B3‘ schaffte es 2003 in die Top 20, doch die folgenden Singles konnten nicht mehr an frühere Erfolge anknüpfen. Man versuchte nun deutlich über Sex Sells zu gehen – mehr nackte Oberkörper, weniger Substanz. Doch nicht mal das half.
2004 kam noch das Album ‚Living for the Weekend‘ – mit dem wirklich guten Song ‚Can’t Fight This Feeling‘. Aber es war zu spät. Das Album wurde zum Sargnagel des Projekts. Kurz danach war Schluss. B3 löste sich auf – leise, ohne Skandal und so gut wie unbemerkt.

Was wurde aus den Jungs?

Rod Michael

Er wollte keine Covers mehr singen – und startete solo durch. Das Album ‚The Next Episode' erschien 2004. Ironischerweise war die erste Single ‚My Prerogative' – ein Bobby-Brown-Cover (wir erwähnten das Lied schon bei New Edition, es ist sicher kein Zufall, dass Michael dieses Lied wählte, von dem der eine Boyband verließ und mit diesem Titel, den großen Druchbruch hatte). Das Ganze floppte. Danach verschwand Rod weitgehend aus der Öffentlichkeit. Seine Stimme war gut – aber ohne Plattform fehlte die Relevanz. Und die hatte er nach B3 nicht mehr.

Tim Cruz

Tim war immer vor allem die Optik von B3. Nach der Band zog er sich komplett zurück. Heute lebt er in New York, hat ein Fitnessstudio und ist Vater mehrerer Kinder. Happy End? Ziemlich sicher. Funfact im Interview wurde mal erzählt, dass er die B-Seite von I.O.I.O. mitgeschrieben hat, ihren großen Hit. Dadurch hat er sehr viel mehr an dem Lied verdient, als die eigentlich Sänger des Songs.

Blair Madison Carlisle

Blair verschwand nach B3 aus dem Rampenlicht. Bekannt ist: Er hatte kleinere Moderationsjobs, outete sich öffentlich und heiratete seinen Partner.
Klassisches Boyband-Narrativ: Erst nach der Zeit darf man sich zeigen.

John Sutherland
John war Stimme und Gesicht der späten B3-Phase. Nach dem Ende der Band versuchte er sich als Schauspieler – u. a. zwei kleine Rollen in ‚Law & Order'. 2006 veröffentlichte er ein Soloalbum (Don't Look Back) mit einer wirklich schönen, fast zerbrechlichen Version von Elton Johns ‚Rocket Man' – ProSieben nutzte das Lied zur Wok-WM. Space Oddity auf deutschem Trash-TV? Irgendwie passend. Er trat beim CSD Köln auf, hatte kleine Auftritte in TV-Shows, aber der große Erfolg blieb aus. Ein geplanter Spielfilm („Band on the Run") wurde gedreht, aber nie veröffentlicht. Heute arbeitet John in New York im Hotelvertrieb – ganz ohne Bühne.

Fazit: Einmal Star und zurück.
Alle vier Jungs hatten ihre 15 Minuten. Sie wurden bejubelt, bekreischt, auf Poster gedruckt – und dann vergessen. In den USA kennt sie keiner, in Deutschland nur noch Bravo-Veteranen. Aber vielleicht ist das sogar das Beste:
Ein bisschen Ruhm, ein bisschen Geld – und heute ein normales Leben.

Lieber so als die Abstürze, die andere Boyband-Karrieren hinterließen. Man darf über Boybands lachen – über ihren Kitsch, ihre Tanzmoves, ihre Namen. Aber nicht über die Jungs. Denn die waren selten das Problem – eher das Produkt.
Für mich sind B3 erwähnenswert, weil sie deutlich machen, wie sich die Struktur der Boyband-vermarktung zu Beginn der 2000er veränderte. Was man mit ihnen versuchte, wäre fünf, sechs Jahre zuvor

undenkbar gewesen. Ich habe selten eine Band gesehen, die so stark sexualisiert wurde.
Als der Erfolg nachließ, nahm auch die Kleidung ab.Ich erwähnte es bereits in Teil 5: Die goldene Schallplatte, die sie sich – nackt – für die Bravo vors Gemächt hielten, war für mich der Zenit dieser Ära. Ein Bild, das in seiner Absurdität und Symbolik kaum zu übertreffen ist.
Damals vielleicht ein PR-Gag, heute wohl eher ein Moment des Fremdschams. Und zugleich ein perfektes Sinnbild dafür, wie weit man die Boybandformel noch treiben konnte, bevor sie endgültig implodierte.
Für mich zeigt diese Episode: Man versuchte, die Boybandformel auf die Spitze zu treiben – aber es funktionierte nicht mehr. Der Markt war gesättigt. Und die Ära der Boybands ging ihrem Ende entgegen.

5.4 Blue – They are Blue dabedidabedei

Manchmal reicht ein Name, und man hat einen Ohrwurm. Blue – das klingt nach Coolness, nach glatten Outfits, nach glattgebügeltem R'n'B, nach frühen 2000ern.
Und nach einem Lied, das gar nicht von ihnen ist. Aber das macht nichts. Denn obwohl sie nie „Blue dabedidabedei" gesungen haben, haftet ihnen dieser Vibe irgendwie an: ein bisschen melancholisch, ein bisschen charttauglich, ein bisschen zu perfekt.

Dabei war Blue mehr als nur ein Produkt ihrer Zeit – sie waren das UK-Boyband-Upgrade nach der Take-That- und 5ive-Ära. Und obwohl sie nicht ganz die Weltkarriere ihrer Vorgänger hinlegten, waren sie doch erfolgreicher, als man heute vielleicht erinnert. Aber wie so oft: Hochglanz hat seinen Preis.
Blue waren für mich nie eine klassische Boyband. Sie tauchten irgendwann auf – und waren dann plötzlich wieder weg. Sie wirkten nicht wie eine typische Gruppe, eher wie ein Verbund von Individualisten. Vielleicht, weil sie bewusst auf einstudierte Choreografien verzichteten – anders als Take That oder Westlife. Stattdessen setzten sie auf Stimmen. Und das war klug.

Die Idee zur Band stammt von Daniel Glatman, der im Jahr 2000 eine moderne Boyband zusammenstellen wollte. Er bediente sich dabei der üblichen Rollenverteilung – und besetzte sie systematisch. Duncan James und Antony Costa kannten sich bereits und

wollten gemeinsam Musik machen. Duncan brachte Lee Ryan mit ins Spiel, den er von Musical-Castings kannte. Die drei harmonierten gut und arbeiteten als Trio an ersten Songs. Glatman wollte aber unbedingt einen vierten Mann – für mehr Diversität im Line-up. Er erinnerte sich an Simon Webbe, den er aus früheren Projekten kannte, und holte ihn dazu.
Die Rollen waren klar: Duncan – der Posterboy. Antony – der kumpelhafte Londoner. Lee – der Tenor mit der großen Stimme. Simon – der ruhige Typ mit Soul.
Und das funktionierte.

Was Blue gut machte, war die Abgrenzung.
Während Gruppen wie B3 noch am 90er-Klischee klebten, wollten Blue cooler, reifer wirken. Und man muss es ihnen lassen: Stimmlich waren sie deutlich stärker als viele andere Boybands ihrer Zeit.
Im Mai 2001 erschien ihre Debütsingle ‚All Rise' – Platz 4 in den britischen Charts, in Deutschland immerhin Platz 22. Das gleichnamige Album wurde ein Erfolg und erreichte Platinstatus.
Dass die vier nicht trödelten, zeigten sie mit ihrem zweiten Album One Love im Jahr 2002. Die Single ‚Sorry Seems to Be the Hardest Word' – gemeinsam mit Sir Elton John – war ein Megaerfolg. Melancholisch, gereift, mit eingängigem Refrain.

Was viele Boybands nicht schaffen, gelang Blue mit dem zweiten Album: Sie wirkten nicht mehr wie eine Boyband, sondern wie eine ernstzunehmende Popgruppe.

Nur ein Jahr später folgte ‚Guilty', das dritte Album. Mit dabei: die Ballade ‚Breathe Easy' – klassisch, emotional, sehr Boyband.
Aber Blue wollten mehr: große Balladen, soulige Covers, Feature-Gäste mit Grammy. Das Problem: Wer allen gefallen will, verliert manchmal die Kante. Das Album war ein Erfolg – aber vielleicht auch schon der Anfang vom Ende.

Nach ‚Guilty' war Schluss – oder wie man es nannte: eine Pause auf unbestimmte Zeit. Drei Jahre, drei Alben, Dauerpromotion – das zerrte.
Die Mitglieder waren am Limit. Und es zeigte sich: Blue war vielleicht nie eine echte Band, sondern eher ein Zusammenschluss. Lee Ryan wollte nie nur Teil von etwas sein – er sah sich als Solostar.
2005 versuchte er es allein – mit mäßigem Erfolg. Auch Webbe und James gingen eigene Wege. Und obwohl noch ein Best-of-Album erschien, war der Elan raus. Das Label hatte sein Geld verdient, das Boyband-Zeitalter war vorbei. Die Pause kam da sehr gelegen.

Sieben Jahre dauerte sie – bis 2011.
In der Zwischenzeit hatte sich das Blatt gewendet: Take That feierten ein Comeback, die 90er waren plötzlich wieder cool. Blue stiegen mit ein – und suchten sich die größte Bühne Europas: den Eurovision Song Contest.
Mit dem Song ‚I Can' traten sie für Großbritannien an – und erreichten in Düsseldorf immerhin Platz 11.

Zwei Jahre später erschien das Album ‚Roulette'. Solide, aber ohne Hit. Die Welt hatte sich weiter-

gedreht. One Direction waren jetzt der Maßstab – und Blue wirkten wie die älteren Herren, die ihrer Zeit nachjagen.
Und doch: Sie sind bis heute aktiv. Sie touren, bringen neue Alben raus – zuletzt 2022 mit ‚Heart & Soul'. Die Charts mögen ihnen fernbleiben – aber live überzeugen sie nach wie vor. Ihre Stimmen? Stark wie eh und je.

Die vier Gesichter von Blue – was wurde aus ihnen?

Duncan James
Er veröffentlichte nach Blue eigene Musik. I Believe My Heart erreichte Platz 2 der UK-Charts, Future Past war immerhin in Italien erfolgreich. Danach wechselte Duncan auf die Bühne und ins Fernsehen: Musicals, Soaps, Tanzshows – er war überall mal dabei. 2005 wurde seine Tochter geboren. 2009 sprach er erstmals öffentlich über seine Bisexualität – später bezeichnete er sich als schwul. Er lebte einige Jahre mit einem Mann, ist inzwischen aber wieder in weiblichen Händen. Vielleicht lag er mit „bisexuell" doch gar nicht so falsch.

Antony Costa
Seine Solokarriere floppte relativ geräuschlos. Dafür war er umso häufiger im britischen Trash-TV zu sehen: I'm a Celebrity…, Dancing on Ice – er nahm mit, was ging. 2006 wollte er Großbritannien beim ESC vertreten, scheiterte aber im Vorentscheid auf Platz 2. Mit seiner langjährigen Verlobten hat er zwei

Kinder – geheiratet wird irgendwann später. Vielleicht.

Lee Ryan

Er versuchte sich 2005/06 als Solokünstler, konnte aber nicht an den Blue-Erfolg anknüpfen. Stattdessen tingelte er durch Reality-TV und sorgte für Gesprächsstoff. Bei Celebrity Big Brother outete er sich als bisexuell – allerdings eher im Sinne von „experimentierfreudig". Eine Beziehung mit einem Mann könne er sich nicht vorstellen. In einem Nebensatz ließ er auch fallen, dass er mit Duncan James diverse Dreier gehabt habe. Duncans Reaktion: „Ich lache noch immer. Ich liebe Lee – aber nicht so." Heute ist Lee verheiratet, das sechste Kind ist unterwegs. Leider hört man nicht nur Gutes: 2022 beleidigte er betrunken auf einem Flug eine schwarze Flugbegleiterin rassistisch und bedrängte sie. Das Ganze landete vor Gericht – Bewährungsstrafe, Schmerzensgeld. Schon 2010 stand er wegen eines angeblichen Bisses gegen eine Polizistin vor Gericht – das Verfahren wurde eingestellt.

Simon Webbe

Simon war der Einzige, dem wirklich eine Solokarriere gelang. Sein Debüt Sanctuary (2005) bekam Doppelplatin, das Folgealbum Grace (2006) enthielt u. a. Ride the Storm – bekannt aus dem Film Fantastic Four. 2017 folgte ein drittes, persönlicheres Album. Er gründete sein eigenes Label Love4Music, trat in Musicals und TV-Shows auf.

Aus einer früheren Beziehung hat er eine Tochter. 2018 heiratete er Ayshen. Nach mehreren Fehlgeburten kamen 2020 und 2024 zwei Töchter zur Welt

– ein emotionaler Weg, den das Paar öffentlich teilte. Fast wäre es nie zur Musikkarriere gekommen: Simon war ein vielversprechender Fußballer, wurde von Topclubs gescoutet. Doch eine Verletzung beendete diesen Weg – und führte ihn zur Musik. Glück für uns.

Und mein Fazit?

Für mich tauchten Blue mit ‚All Rise' einfach irgendwann auf, waren präsent in den Charts – und hatten bei mir genau das erreicht, was sie wohl wollten: Ich nahm sie nie so richtig als Boyband wahr. Dass sie pausierten, bekam ich mit. Und als sich Duncan und Lee irgendwann als bisexuell outeten, dachte ich nur: Ach ja... Blue gab's ja auch noch. Sie gehören für mich zum ganzen Boyband-Wahnsinn dazu – auch wenn sie nur in Europa und Asien echte Erfolge feiern konnten.

5.5 Overground – Sieger eines Duells, das nie stattfand

Willkommen in den 2000ern, als Castingshows auf jedem Sender liefen wie schlechte Nachmittagsserien. Gefühlt konnte jeder ein Star werden – sofern er sich von Dieter Bohlen bei DSDS oder Detlef D! Soost bei Popstars anschreien oder wenigstens beleidigen ließ.

Overground entstand 2003 bei der dritten Popstars-Staffel. Die No Angels waren zu dem Zeitpunkt riesige Stars, Bro'Sis hingegen schon wieder auf dem absteigenden Ast – auch wenn einige Mitglieder bis heute in der Medienlandschaft herumschwirren. Weil Bro'Sis nur eine sehr begrenzte Halbwertszeit hatten, wollte man das Format auffrischen. Die Lösung: mehr Drama, mehr Wettkampf – Popstars – Das Duell war geboren.

Gecastet wurden parallel eine Girlband und eine Boyband, die gegeneinander antreten sollten. Der Clou: Es gab **nur einen Plattenvertrag**!
Also angeblich. Overground „setzten sich knapp durch" – und natürlich war das total überraschend. Nicht.
Ich gehe in Kapitel 9 gezielt darauf ein, warum Girlbands es schwerer haben als Boybands. Kurz gesagt: Die Zielgruppe ist bei beiden gleich, aber sie gibt ihr Taschengeld lieber für Waschbrettbäuche aus als für die musikalische „beste Freundin".
Die Preluders hatten also nie eine echte Chance. Zu brav, zu glatt, zu harmlos. Natürlich behauptete man, das Voting sei super knapp gewesen – Overground

gewann mit 51 %. Klingt spannend. Und nach Fernsehzauber. Ich tippe: künstlich eng gehalten, damit mehr Leute anrufen.

Doch selbst wenn sie verloren hätten: Beide Bands bekamen letztlich einen Plattenvertrag. Das große „Duell“ war also gar keines – sondern eine Verkaufsstrategie mit eingebautem Zuschauerbetrug. Wer angerufen hat, hat eigentlich für nichts abgestimmt. Entertainment halt.
Aber lassen wir das. Kommen wir zur Musik.

Overgrounds erste offizielle Single hieß ‚Schick mir ’nen Engel‘ – und ging direkt auf Platz 1. Produziert wurde sie von Triple-M, besser bekannt als die Leute hinter Music Instructor, die sich inzwischen aus dem Dance-Bereich verabschiedet hatten, aber hinter den Kulissen fleißig weiter Hits bastelten. Wobei: erste Single? Nicht ganz.
Noch während der Staffel erschien ‚I Wanna Sex You Up‘ – ein Cover des 90er-Hits von Color Me Badd. Der Clou: Es gab ihn bei McDonald’s. Kein Witz. Der erste Song der Band war also im Prinzip die Spielzeugbeilage zum Happy Meal. Guten Appetit. Beim ESC Vorentscheid 2004 waren sie dabei, schafften es hier auf Platz 4.

Das Debütalbum ‚It’s Done‘ lief stark an. Drei weitere Singles folgten – nicht mehr ganz so erfolgreich, aber solide. Dann kam das zweite Album: ‚2. OG’.
Es klingt wie zweites Obergeschoss, landete aber eher im kommerziellen Keller. Nach dem gelungenen ‚It’s Done‘ wäre ‚We’ve Done‘ wohl der passendere Titel gewesen.

Ein Labelwechsel folgte, aber man glaubte nicht mehr an das Projekt. Als Abschiedsgeschenk durften sie noch eine letzte Single veröffentlichen: ‚Hass mich' – und ja, das war für Overground-Verhältnisse wirklich ein gutes Lied. Härter, reifer, fast trotzig.
Die Charts sahen das anders. Platz 35. Danach: nichts mehr. Wäre diese Single eingeschlagen wenigstens in die Top 10, vielleicht hätte es ein Album gegeben, aber so...
Overground starb leise. Kein offizieller Abschied, kein Best-of, keine Reunion, kein Comeback-Versuch. Einfach vorbei.

Wobei – ganz vorbei war's dann doch noch nicht. Ein letzter, ziemlich unerwarteter Auftritt kam noch. Nicht für die Fans in Deutschland, sondern in Japan. Auf Einladung eines dortigen Fanclubs – organisiert von Kens Vater – reiste die Band 2006 tatsächlich nach Tokio. Ohne Label, ohne Charts, aber mit kompletter Besetzung. Sie traten vor einer kleinen, aber lautstarken Gruppe an japanischen Fans auf. Warum gerade Japan? Nun, die Band hatte dort nie ein Album veröffentlicht, keinen Hit gelandet, keine Kampagne gefahren. Aber es gab eben diese persönlichen Verbindungen – und offenbar 20 enthusiastische Mädchen, die bereit waren, sich ein letztes Mal die Kehle aus dem Hals zu schreien.
Begleitet wurde das Ganze von ProSieben, die wohl hofften, aus der kuriosen Abschiedstour noch ein paar Minuten Sendezeit zu ziehen. Und irgendwie war es das: ein leiser Abgang, ganz ohne Glamour, aber mit einem Rest Würde.
Die letzte Single gefloppt, kein Label mehr, in Deutschland völlig irrelevant – und doch gab es

irgendwo auf der Welt noch Menschen, die „Schick mir 'nen Engel" mitsingen konnten. Selbst wenn sie den Text nicht verstanden.
Vielleicht war das der ehrlichste Moment in ihrer Karriere.
Doch was wurde aus den Jungs? Ein Blick auf vier Karrieren, vier Leben nach dem Pop.

Was wurde aus ihnen?

Akay Kayed – Er war der Frontman und Leader, eine der Hauptstimmen von Overground. Nach der Band veröffentlichte er die Single That's the Way, die immerhin für den Urmel-Kinofilm verwendet wurde. Musikalisch ging da aber nicht mehr viel. Also wandelte er sich.
Bereits seit 2004 organisiert er die Partyreihe SoulSuga, eine der bekanntesten Black-Music/ Miami-Bass-Events Europas. Über 1.000 Veranstaltungen hat er mittlerweile auf die Beine gestellt – nicht nur in Deutschland, sondern auch in den USA, Kroatien und Dubai.
Dorthin ist er 2024 mit seiner Frau und zwei Kindern auch ausgewandert.
Heute ist er Gründer der Suga Agency GmbH, die Influencer-Kampagnen für Marken wie McDonald's, PlayStation oder Snipes umsetzt – und Gründer der Firma HNRY BNNTT, spezialisiert auf Markenkommunikation und Content-Creation.
Vom Boyband-Sänger zum Event-Mogul – Akay hat's geschafft. Nur eben nicht mit Musik.

Marq Porciuncula – Seine Rolle in der Band war etwas fluide: der Kleine, der Niedliche, ein bisschen feminin, ein bisschen soft. Aber eben auch der Tänzer. Auch er probierte sich als Solokünstler – und scheiterte.
Künstlerisch blieb er jedoch stets aktiv, vor allem in Hamburg und Umgebung: Tanz, kleine Filmprojekte, Musik im Eigenvertrieb. Keine Chartplatzierung, aber immerhin Kultur.
Wer ihn heute auf dem roten Teppich trifft, wird ihn vielleicht nicht erkennen – aber er war da. Und ist es noch. Irgendwie.

Meiko Reißmann – Er war der Stille. Der, den man in einer Boyband wohl am ehesten erwarten würde. Aber eben nicht als Frontmann, sondern als „dritter von links".
Nach Overground machte er keinen großen Lärm – aber Karriere.
Er wechselte in die strategische Medienwelt, arbeitete bei ProSiebenSat.1, später als Produktmanager bei Starwatch, heute als Top-Manager bei RTL.
Verheiratet ist er inzwischen mit einer ehemaligen Preluders-Kollegin – das Duell hat also am Ende doch noch ein Happy End produziert. Nur halt nicht musikalisch.

Ken Miyao – Der Posterboy. Der, der auffällig selten ein Hemd trug. Also: der sexy Bad Boy der Truppe. Schon am Ende der Overground-Zeit geriet Ken in die Schlagzeilen:
An Silvester 2003/04 prügelte er sich mit einem 18-Jährigen. Kurz darauf der nächste Gewaltausbruch auf Ibiza – ein Tritt ins Gesicht, gebrochene Nase,

ausgeschlagene Schneidezähne.
Er zeigte sich reumütig und sagte sinngemäß: „Jeder prügelt sich doch mal.“ Was vielleicht stimmt – aber nicht jeder tritt jemandem dabei die Zähne raus. Die Reue wirkte… sagen wir mal: begrenzt. Das Bad-Boy-Image war jedenfalls bestätigt, das Boyband-Image hingegen beschädigt.
Nachspiel: Anzeige, Gerichtsverhandlung, Sozialstunden.
Trotzdem versuchte Ken es weiter.
2007 veröffentlichte er die Single Talk 2 Me mit US-Rapper Fatman Scoop – kein Erfolg.
2011 dann: neue Hoffnung bei The Voice of Germany. Aber auch dort: kein Durchbruch.
Heute arbeitet Ken als Vocal Coach, veröffentlicht regelmäßig eigene Musik auf Instagram und scheint sich selbst nicht aufgegeben zu haben.
Was ja irgendwie auch ganz schön ist.

Eine Boyband wie keine andere

Schaut man sich Overground heute an, ist es fast schon komisch, wie diese Band zusammengestellt war. Ohne große politische Agenda – aber rein zufällig – wurde sie zum Gegenentwurf zu allem, was Lou Pearlman je gecastet hat.
Denn hier war nicht der eine „Exot“ das Feigenblatt der Diversität – sondern umgekehrt: Der einzige Weiße in der Band war quasi der Exot.
Ken hatte japanische Wurzeln, **Marq** philippinische, **Akay** palästinensische – und nur **Meiko** entsprach dem klassischen Bravo-Posterboy-Profil.
Eine solche Konstellation?
Gab es vorher nicht. Und danach auch nicht mehr.

Nicht in den USA, nicht in Großbritannien – und schon gar nicht in Deutschland.
Vielleicht war das Overgrounds größte Qualität. Nur hat es kaum jemand bemerkt.

Warum gibt es so wenige asiatische Mitglieder in Boybands?

Es drängt sich eine Frage auf:
Warum gab es vor und auch lange nach Overground – bis zum Aufstieg von K-Pop – fast keine asiatischen Mitglieder in westlichen Boybands?
Denn wenn überhaupt ein „Token" dabei war, dann war er schwarz oder lateinamerikanisch. Asiatische Gesichter? Fehlanzeige.
Dafür gibt es mehrere Gründe. Und keiner davon ist nett.

1. **Koloniale Nähe & Verfügbarkeit**
   In den USA, Frankreich oder Großbritannien gibt es durch Kolonialgeschichte und Versklavung eine große schwarze Diaspora. Schwarze Männer waren – zynisch gesagt – „verfügbar" für die Popkultur.
   Man kannte sie, man sah sie in Sport, Film, Musik. Bei Asiaten war das anders. Sie waren zahlenmäßig kleiner, weniger sichtbar – und kulturell weiter weg.
2. **Rassistische Wahrnehmung**
   Asiatische Männer wurden jahrzehntelang in westlichen Medien entweder als Kampfmaschine mit Samurai-Schwert dargestellt – oder als feminin, asexuell, weich. Beides passte nicht in das Bild, das Platten-

firmen an Teenagerinnen verkaufen wollten. Der Boyband-Junge musste sexy sein – aber kontrolliert sexy. Stark, aber soft. Einfühlsam, aber begehrbar.
Asiatische Männer wurden schlicht nicht als Projektionsfläche gesehen.

Natürlich ist das kompletter Unsinn.
Aber das waren die ungeschriebenen Codes der Musikindustrie.
Vielleicht war Overground nie die wichtigste Boyband – aber sie sind die perfekte Fallstudie. Für ein System, das Diversität nur duldet, wenn sie ins Posterformat passt. Und für ein Casting, das von Anfang an entschieden war.
Und umso bemerkenswerter ist es, dass ausgerechnet Overground, eine deutsche Castingshow-Band aus dem Jahr 2003, dieses System durchbrach.
Nicht mit einer Agenda. Sondern einfach, weil das Publikum anders wählte, als die Plattenbosse es sonst taten.
Und siehe da:
Auch mit einem völlig „untypischen" Boyband-Gesicht kann man einen Nummer-1-Hit landen.
Vielleicht hätte die Industrie daraus lernen können. Hat sie aber nicht.

5.6 US5 – Big in Germany, Lost Everywhere Else

Wir kommen zur letzten Biografie der 2000er – und ja, es ist ein Schwanengesang. Denn Mitte des Jahrzehnts war das Zeitalter der Boybands praktisch vorbei.

B3 hatten sich 2004 aufgelöst, Blue gab es zwar noch, aber der Hype war schon im Sinkflug. Westlife hielten sich wacker, liefen aber eher unter dem Radar.

Statt neuer Gruppen begannen sich die Vorbereitungen für die Comebacks der alten Garde zu formieren – Take That, die Backstreet Boys. Doch diese Rückkehr war keine jugendliche Euphorie mehr, sondern ein kalkulierter Nostalgie-Trip: Die Teenager von damals sollten noch einmal mit ihrer Band groß fühlen dürfen – erwachsen, aber kurz zurück im Kinderzimmer.

Doch eine wirklich neue Boyband? Fehlanzeige. Und Lou Pearlman hatte seine letzten beiden Zugpferde gleichzeitig totgeritten. O-Town war erledigt, Natural hatte er selbst demontiert – aus gekränkter Eitelkeit, um zu zeigen, wer das Sagen hat. Ein strategischer Totalschaden, denn Natural liefen zumindest in Deutschland solide.

In der Branche war sein Ruf zu diesem Zeitpunkt hinüber. Die Backstreet Boys und NSYNC hatten ihn erfolgreich verklagt, seine Rolle als „sechstes Bandmitglied" war enttarnt, Aaron Carter forderte ebenfalls Geld zurück.

Pearlman galt als geldgierig, unethisch und untragbar. Gleichzeitig kursierten erste Gerüchte über ein Schneeballsystem, mit dem er Anleger abzockte –

finanziert von Luftfirmen wie „Trans Continental Airlines“, die nur auf dem Papier existierten. Während er sich in Villen sonnte, bröckelte sein Imperium von innen.
In den USA war er verbrannt. Doch Pearlman wäre nicht Pearlman gewesen, wenn er nicht noch einmal auf seine alte Formel gesetzt hätte. Denn er konnte nicht anders. In seinen Augen war das Boyband-System perfektioniert. Was er nicht verstand: Wer nicht mit der Zeit geht, geht mit der Zeit.
Natural hätten die Gelegenheit geboten, alles anders zu machen – eine öffentliche Promibeziehung mit Marc und Sarah Connor, Duette mit Herzschmerz und Medieninszenierung. Doch Pearlman sah nur Kontrollverlust – und zog den Stecker.

Wenn Amerika ihn nicht mehr wollte, dann eben wieder Deutschland. Schon früher war der deutsche Markt ein Testfeld für seine Bands gewesen. Und jetzt bot sich eine neue Bühne: Castingformate boomten, RTL II war bereit, und der Mythos des „Backstreet-Boys-Erfinders“ funktionierte hier noch. Also wurde „Big in America“ gestartet – eine Castingshow, produziert in Deutschland, mit dem Ziel, eine neue US-Boyband zusammenzustellen. Oder zumindest eine, die so aussah.

Ich gebe zu: Als ich damals hörte, dass Lou Pearlman höchstpersönlich im deutschen Fernsehen castet, war ich überrascht. Warum jemand wie er, der einst die größten Namen der Branche hervorgebracht hatte, plötzlich in Little Germany nach Bandmitgliedern suchte – das erschloss sich mir nicht sofort. Damals

kannte ich seine Geschichte noch nicht. Für mich war er der große Zampano, der Gönner, der Macher.
Dass Deutschland längst sein Notnagel war, dass er von der Branche bereits abgeschrieben war – all das war mir nicht klar.
Er gab sich als Chance für neue Gesichter – als Türsteher zum Ruhm. Dass er die Backstreet Boys über den Tisch gezogen hatte, war zwar bekannt, aber man dachte: Er wird ja wohl daraus gelernt haben. Wird er?

„Big in America" wurde in Berlin, Los Angeles und London gecastet. Zehn Jungs wurden ausgewählt und in ein Bootcamp gesteckt. Das Ziel war klar: Am Ende der Staffel musste eine Band stehen. Und das tat sie auch – aus Perlmans Baukasten geformt:

- **Richie Stringini (USA)** – Der Posterboy, der Süße
- **Izzy Gallegos (USA)** – Der Rebell, der Coole
- **Jay Khan (UK/Deutschland)** – Der Leader, der Vernünftige
- **Michael Johnson (USA)** – Der Token, der Unsichtbare
- **Chris Watrin (Deutschland)** – Der Schüchterne, der Sensible

Die Rollenverteilung war so offensichtlich, dass man sie auch gleich in die Bauchbinden hätte schreiben können. Die Sendung war kein Zuschauervoting – sie war eine dramaturgisch gesteuerte Produktionsdoku. Der Zuschauer sollte denken: Die Jungs haben sich durchgesetzt, sie verdienen den Erfolg.
In Wahrheit waren manche längst gesetzt und wurden gezielt aufgebaut. Der Mythos Perlman sollte re-

animiert werden. Die Bravo war mit an Bord, Richie wurde sofort als Posterboy vermarktet, die Band existierte quasi ab der ersten Sendeminute.

Pearlman trat auf wie ein Fabrikleiter, warf mit amerikanischen Motivationsfloskeln um sich, und ließ sich als genialer Macher feiern. Die Show hieß „Big in America", war aber eine rein deutsche Produktion. Die Band war von Anfang an nur für Deutschland gedacht – in Amerika war für Perlman kein Blumentopf mehr zu holen. Konflikte wirkten inszeniert, Michael bekam kaum Screentime, war bloß das Feigenblatt der Diversität. Tokenism in Reinform: sichtbar, aber bedeutungslos.

„Big in America" funktionierte – als Werbekampagne, als Markteinführung, als mediales Gesamtpaket. US5 wurden Stars, zumindest in Deutschland. Aber die Show war ein Zerrbild: eine Mischung aus Casting-Doku, Pearlman-Rehabilitationsversuch und Boyband Bastelanleitung, bei der nie ganz klar war, ob das alles ernst gemeint war – oder längst schon eine Parodie auf sich selbst.
Aber es lief. ‚Maria', die erste Single der Band, wurde im Sommer 2005 veröffentlicht. Pearlman war zurück, das Ding schoss in Deutschland auf Platz 1 und machte es sich dort 22 Wochen gemütlich. Der Sommerhit des Jahres.
Auch andere Länder schwammen mit: In Österreich und Polen ging das Lied in die Top 5.
Das Album ‚Here We Go' wurde mit dreimal Gold in Deutschland ausgezeichnet. Drei weitere Singles schafften es dort ebenfalls in die Top 5, auch in Österreich und der Schweiz lief es ordentlich. Nur das

Vereinigte Königreich blieb verschlossen – hier bekam die Band nicht einmal den kleinen Zeh in die Tür.
2006 ging es weiter wie gehabt: eine neue Staffel Big in America. Diesmal aber keine Castings, sondern Reality-Soap – Touralltag, kleine Zickereien, Studioarbeit. Lou Pearlman war zwar nicht mehr allgegenwärtig, wurde aber weiter als Prestigeobjekt mitgeschleppt.

Die zweite Staffel lief in leicht abgeänderter Form auch in Großbritannien auf MTV UK und begleitete die Band auf einer Tour durch Russland und eben England. Pearlman wollte so gerne noch einmal Einfluss im englischen Markt gewinnen – vielleicht der letzte Schritt, bevor Amerika wieder fallen sollte. Deshalb veröffentlichte man dort ‚Maria' ein Jahr später.
Mit MTV im Rücken schaffte es der Song tatsächlich in die britischen Charts – aber nur auf Platz 38.
Immerhin. Angesichts von Pearlmans Image war das fast ein Erfolg. Aber eben auch ein Zeichen: US5 funktionierte in Großbritannien trotz Jay Khan, der dort familiäre Wurzeln hatte, nicht.
Parallel zur zweiten Staffel kam das Album ‚In Control' raus. Es lief etwas schwächer als das Debüt – nur in Polen wurde es vergoldet. Dort waren die Jungs extrem beliebt, mit echter Fanbase.
Die drei ausgekoppelten Singles landeten alle in Deutschland in den Top 10. Keine Nummer 1, aber immerhin konstante Leistung.

Doch am Horizont zogen dunkle Wolken auf: In Florida nahmen die Behörden Pearlmans Firmen ins Visier, und die Luft wurde dünn.
2007 versuchte man, die Marke am Leben zu halten – mit Re-Editionen. ‚In Control: Reloaded' enthielt sieben neue Songs.
Gleichzeitig verließ **Mikel** die Band – offiziell für eine Solokarriere. Inoffiziell: Spannungen mit Pearman, Vertragsfrust, Übermüdung. Wir sind bei einer Boyband – er wurde einfach ersetzt. Der Neue hieß **Vincent Tomas**. Aber natürlich hatte Vincent nie das Standing eines Urmitglieds. Er blieb immer „der Neue".

Und dann der nächste Knall: Pearlman wurde unter falschem Namen in einem Hotel auf Bali verhaftet – der einstige Architekt der Band, nun global gesuchter Hochstapler. Der Imageschaden war immens.
Auch wenn er bei US5 längst keine kreative Rolle mehr spielte – sein Name klebte noch überall.
Während die Band durch Polen, Russland und den Bravokosmos tingelte, stand er wegen Millionenbetrugs vor Gericht.
Für Pearlman war es das. 2008 wurde er zu **25 Jahren Haft** verurteilt. Vielleicht sagte er noch ‚I want it that way'. Wahrscheinlicher war: ‚Bye Bye Bye.'

US5 machten weiter. Im November 2008 erschien das dritte Album ‚Around the World'.
Ehrlicher wäre gewesen: ‚Between Germany, Poland and Russia'. Das waren die letzten Märkte, in denen sie noch liefen. In Deutschland bröckelte es bereits merklich.

Im Sommer stieg dann **Chris** aus – ein harter Schlag. Richie war der Posterboy, aber Chris war „einer von uns". Der Ruhige, der Nahbare. Er sprach von Angststörungen, von zu viel Druck. Er wollte einfach raus aus der Boybandblase.

Mit **Cayce Clayton** kam ein weiterer US-Amerikaner – damit war das deutsch-amerikanische Konzept endgültig tot. Vincent und Cayce waren Platzhalter, keine Posterfiguren. Die Singles ‚Round & Round' und ‚The Boys Are Back' (ein High School Musical 3-Cover) funktionierten wie ein Handtuchwurf in die Zielgruppe – aber das Handtuch blieb liegen.
Ohne Pearlman fehlten die Kontakte, der Druck, das Netzwerk. Zumindest in meiner Wahrnehmung.

Als 2009 auch Izzy aus privaten Gründen die Band verließ, war eigentlich alles gesagt. Er kehrte zwar kurz zurück – aber US5 war nur noch ein Abziehbild von sich selbst. Man tingelte durch Osteuropa und spielte in Supermärkten zu viert. Jay, Richie – und zwei Neue, deren Namen egal waren. Kurz vor dem Ende kam es sogar noch zu einem Miniwechsel: Vincent ging, Jayson Peña kam – ein Ersatzmann für den Ersatzmann, kaum erwähnenswert.
Das Thema Boyband war durch. Und mit US5 endete auch etwas Größeres: Die letzte Pearlman-Band, das letzte Echo des Hypes, der Anfang der 80er begonnen hatte. Izzy kehrte zwar noch einmal zurück – aber im Herbst 2009 kam die offizielle Auflösung.
Ab jetzt war jeder nur noch Me 1.

Richie sagte mal, er wäre sofort wieder dabei – wenn die anderen mitziehen würden.

Jay kündigte 2016 an, es gäbe „Pläne“.
Pläne, wie Jay sie eben gerne ankündigt.
Chris und Izzy hingegen sagten in Interviews, zu der Zeit sehr klar: Das Kapitel ist für sie abgeschlossen.
Und vielleicht ist das auch gut so.
Denn US5 waren nie nur eine Band – sie waren ein letzter Versuch, die Formel am Leben zu halten. Ein letztes Aufflackern in der Dämmerung der Boyband-Ära.

Aber Moment, da fehlt doch was, oder?
Ja, klar fehlt da was. Wir haben jetzt die Geschichte von US5 durchlaufen – aber ich gehe natürlich sehr gerne noch auf die absurdeste Episode ein: das Klodrama.
2006, die Band war auf dem Höhepunkt, irgendwer war feiern – auf jeden Fall Jay und Richie.
Dann tauchten Bilder auf: Richie, halb nackt, lehnt mit geschlossenem Blick und fast schon meditativem Gesichtsausdruck an einer Klowand.
Vor ihm kniet Jay. Unscharf, aber unverkennbar.
Kennt ihr diese Little Britain-Sketche, in denen ein Politiker vor die Presse tritt und seine Sexskandale als Missverständnis hinstellt – während alle wissen, dass es kein Missverständnis war? So wirkte es hier.

Denn die offizielle Version lautete in etwa so:
Ja, da war gar nichts. Richie ging’s nicht gut. Jay war besorgt.
Richie hat sich übergeben und sich beschmutzt, deshalb hat Jay ihn **ausgezogen**. Deshalb wirkte Richie so **entspannt**. Und Jay kniete nur **rein zufällig** vor ihm – weil ihm… was runtergefallen war? **Ernsthaft.**
Das war der Spin.

Richie? Schwieg.
Jay? Rechtfertigte sich – viel.
Das Management? Sperrte ab.
Es gab keine Interviews, keine echten Erklärungen – nur diffuse Bilder, vage Andeutungen, halbherzige Dementis.
Es blieb alles seltsam schwebend.
Ein klassisches PR-Desaster, das man lieber aussitzen wollte, statt es offensiv zu klären.
Und das funktionierte – irgendwie.
Aber haften blieb es. Vor allem an Jay. Und der konnte es am wenigsten vertragen.

Jay Khan reagierte mit Vehemenz auf jede Darstellung, die ihn auch nur ansatzweise in Richtung Homosexualität deutete – selbst auf Plattformen wie queer.de. Dort ließ er Berichte über entsprechende Gerüchte entfernen, ohne dass es zu bekannten Gerichtsverfahren kam.
Das war keine juristische Keule, sondern Imagepflege im Hintergrund.
Wenn der Ruf zu bröckeln beginnt, reicht manchmal ein Anruf – oder ein gut formulierter Hinweis – beim Seitenbetreiber.
Ich persönlich glaube ihm, dass er nicht schwul ist. Aber ich glaube auch, dass er ein ziemlich fragiles Selbstbild hat – sonst würde er gelassener damit umgehen. Wäre er schwul, hätte er sich vermutlich längst geoutet.
Ross Antony, Eloy de Jong – sie haben vorgemacht, dass man als schwuler Entertainer in Deutschland nicht nur akzeptiert, sondern gefeiert werden kann. Wer diesen Schritt geht, wird heute oft als ehrlich und authentisch wahrgenommen.

Und genau das wollte Jay ja immer sein.
Deshalb glaube ich, dass er wirklich nicht schwul ist. Was er auch ist – er hätte einfach lockerer reagieren sollen.

Was wurde aus den Jungs?

Jay Khan
Jay war nie besonders gut darin, sich selbst klug in Szene zu setzen. Das erste Debakel: das berüchtigte Klodrama – ein PR-GAU, den man aussitzen wollte, der aber haften blieb.
2011 zog er dann in den Dschungel, um mit den Homogerüchten aufzuräumen. Er flirtete auffällig mit Indira Weiß (ehemals Bro'Sis), doch eine andere Teilnehmerin behauptete, Jay habe schon im Vorfeld eine Fake-Liebesgeschichte mit ihr abgesprochen. Das Bild im See, wie Jay Indira küsst und dabei direkt in die Kamera schaut, ist Trash-TV-Gold – oder zumindest Trash-TV-Memorabilia.
Später veröffentlichte Jay eine Autobiografie, in der er Lou Pearlman sexuelle Belästigung vorwarf. Ein schwerwiegender Vorwurf, der spät kam – und den bitteren Beigeschmack von Buchpromo nicht ganz loswurde. Im Kapitel über LFO wurde über Pearlman bereits ausführlich gesprochen, deshalb belassen wir es hier dabei.
2021 gründete Jay mit Marc Terenzi die Gruppe Team 5ünf. Terenzi wurde wegen interner Probleme rausgeworfen. Heute betreibt Jay in Hongkong die Bar COA und ist seit einigen Jahren mit Jessie Noé Scheuermann liiert.

Mikel Johnson
2007 verließ Mikel die Band – offiziell wegen Soloplänen, inoffiziell wegen Burnout und Vertragsfrust. Er lebt heute als unabhängiger Künstler, veröffentlicht regelmäßig Coverversionen auf Instagram und SoundCloud, tritt gelegentlich live auf und wirkt deutlich entspannter als in US5-Zeiten.

Richie Stringini
Der einstige Posterboy schlug einen unerwarteten Weg ein: Nach einigen Soloversuchen und YouTube-Covervideos entschied er sich für einen ganz neuen Lebensweg. Heute arbeitet Richie als Krankenpfleger in Minnesota und spricht in sozialen Medien offen über Sucht, Recovery und seinen Ausstieg aus dem Showbusiness. Aus der Öffentlichkeit verschwunden – aber nicht abgestürzt.

Izzy Gallegos
Izzy blieb der Musik treu. Gemeinsam mit Chris Watrin bildet er heute das Duo „Izzy & Chris“, dessen düster-melancholischer Pop-Rock weit entfernt ist vom alten US5-Sound. Tracks wie „Run Away“ zeigen, dass er heute anders – aber immer noch leidenschaftlich – performt. Auf Instagram ist er aktiv, spricht von neuen Projekten und einer möglichen Reunion zum Jubiläum 2025 – wirkt dabei aber eher als realistischer Musiker, nicht als Comeback-Träumer.

Chris Watrin
Chris erfand sich nach US5 neu: Als „StadtkinT“ trat er in Berlin auf, später wurde er Indie-Singer-Songwriter mit autobiografischen Texten. Er engagiert

sich als Chorleiter für Menschen mit Behinderung und stand 2014 mit Pharrell Williams bei Wetten, dass..? auf der Bühne. Seit 2018 macht er wieder Musik mit Izzy – ehrliche, kleine Projekte, weit weg vom Boyband-Glitter.

Vincent Tomas

2009 verließ Vincent die Band und startete direkt solo. Seine Debütsingle „Hypnotic Body" wurde Song zur Miss-Germany-Wahl. Danach folgten Songs wie „Selfie", „Back 2 U" oder „Once Again". Er tritt als Sänger und Songwriter auf, ist auf Social Media aktiv und wirkt wie jemand, der sich vom US5-Erbe befreit hat – nicht revolutionär, aber eigenständig.

Cayce Clayton

Cayce kam Ende 2008 in die Band – kurz vor dem Ende. Nach der Auflösung 2009 verschwand er aus dem Rampenlicht, blieb aber musikalisch aktiv.
Gelegentlich postet er Covervideos auf Tumblr und SoundCloud, auf Social Media bezeichnet er sich heute als „Former Popstar, sometime actor, 24/7 Dog Daddy". Man merkt: Der Showbiz-Zirkus ist vorbei – aber Musik ist geblieben.

Jayson Peña

Jayson kam ganz zum Schluss, als Ersatz für den Ersatz. Über seine Zeit bei US5 weiß man wenig – vielleicht war sie einfach zu kurz. Heute ist er weitgehend aus der Öffentlichkeit verschwunden. Vielleicht lebt er glücklich irgendwo – oder wurde versehentlich in einem polnischen Einkaufszentrum vergessen.

6. Totgesagte leben länger (2010er)

Das Phänomen Boygroup war vorbei – angeblich. Aber wie schon erwähnt: Lou Pearlman sollte recht behalten. Es wird immer junge Mädchen geben, die Jungsbands niedlich finden und bereit sind, für sie zu kreischen.
Nur hatten sich Zeit und Technik verändert.
VIVA war tot, MTV lief nur noch „Pimp My Crib", und die Bravo – na ja, die war halt noch da, irgendwie. Aber mehr mit nackten Teenies die einen noch aufklären wollten, als wirklichen Input in Musik. Ihre Macht schwand. Mit YouTube konnte man plötzlich schauen, was man wollte – und wann man wollte. Streaming-Dienste ersetzten CDs, Alben wurden Playlists, das Radio war nur noch was für Autofahrten mit den Eltern.

Früher wurde einem der nächste Boybandhit von einem Kevin/Justin/Joey/Brian so lange eingetrichtert, bis man ihn doch irgendwann mitsummte, ob man wollte oder nicht. Heute klickt man ihn weg. Man musste sich nicht mehr von Mr. Sixpack mit Schlafzimmerblick in eine kitschige Ballade ziehen lassen – man konnte einfach auf „Skip" drücken.
Aber fast wie ein Zombie erhob sich dann doch noch einmal eine Boyband aus den toten Bands der Urzeit, One Direction.
Und ich bin ehrlich, ich war zu alt um für sie zu schwärmen und sie zu jung um sie zu adoptieren. Dennoch sah ich ein ähnliches Phänomen wie damals in den 90ern. Ich verstand, warum es funktionierte – und warum Millionen Mädchen wieder kreischten, als wären sie die erste Generation, die das je getan hat.

2010 wurden bei The X Factor fünf Jungs rausgewählt – und dann einfach zusammengesteckt. Zu schwach für den Sieg, aber gemeinsam stark genug, um eine ganze Generation zu übernehmen.
One Direction war keine Boyband wie früher. Keine Tanzchoreos, keine abgestimmten Outfits (außer bei Werbekampagnen) und keine glatt gebügelten Antworten.
Sie wirkten wie normale Jungs, die zufällig singen konnten. Oder zumindest so taten.
Der Trick: Sie waren „einer von uns“. Harry mit den Locken, Louis der Clown, Zayn der mysteriöse, Liam der Vernünftige, Niall der Sympath. Fünf Typen, fünf Projektionen.
Und Instagram, Tumblr und Twitter machten aus jedem Foto einen Fankrieg.
Ein Händedruck? Ein geheimes Zeichen. Eine Umarmung? Beweis für eine Beziehung. Die Welt wollte nicht nur ihre Musik – sie wollte ihr Leben.

Und dann ging Zayn. Und der Rest irgendwann auch. Solo-Versuche, mal mehr, mal weniger erfolgreich. Was blieb, war die Erkenntnis: One Direction war wahrscheinlich die letzte Boyband der alten Schule – aber die erste der neuen. Und sie hatten verstanden was den anderen gefehlt hatte, sich anzupassen, die Medien die neu entstanden waren für sich zu nutzen und nicht weiter die alten, ausgetrampelten Wege zu gehen.

Während der Westen noch debattierte, ob One Direction das letzte Zucken des Genres war, hatte Südkorea längst übernommen. Was dort entstand, war

keine Boyband – es war ein Plan. Eine Industrie. **BTS, EXO, Stray Kids, Seventeen** – das waren keine besten Freunde mit Posterlächeln. Das waren ausgebildete Performer. In Agenturen gecastet, gedrillt, trainiert, nach Perfektion sortiert.
Jeder Tanzschritt war geübt. Jede Träne wirkte – und war trotzdem echt. Die Emotionen gehörten zur Inszenierung, genau wie das Lächeln auf dem roten Teppich.

Aber es funktionierte. BTS durchbrach alle Rekorde – Twitter, Spotify, Billboard. Die Fans – die „ARMY" – organisierten sich global, übersetzten Inhalte, kauften Alben in fünf Versionen, hielten Meetups ab wie politische Bewegungen.
Und das Verrückte: Die meisten verstanden kein Wort Koreanisch. Mussten sie auch nicht. Die Message war klar: „Wir sind anders. Und wir sind viele."
Was westliche Boybands peinlich gemacht hatte – zu viel Nähe, zu viel Gefühl, zu viele Umarmungen – wurde hier gefeiert.
Dass sich keiner offiziell outete? Egal. K-Pop lebte von Andeutungen.
Alles war möglich, nichts war bestätigt. Genau darin lag der Reiz: Jeder konnte seine Fantasie hineinlegen – und bekam dafür nie ein klares Nein.
Aber warum konnte in Korea so etwas entstehen, was hier nicht mehr möglich war? Die Antwort ist eigentlich recht simpel. Schauen wir uns die Boybands von den Monkees bis jetzt an: Sie nutzen die Medien gezielt und wurden so vermarktet, dass man kaum drum herum kam.
Während im Westen nun aber keine Bravo mehr den Takt vorgab, kein Viva mehr die neusten Jungs ohne

Hemden zeigte, ist das in Korea anders. Hier ist die Medienlandschaft anders aufgestellt, junge Mädchen werden noch genauso von den Musiklables beschallt und wenn dann so eine Band dort wirklich groß ist, dann schwappt der Erfolg auch zu uns rüber.

Was also bleibt?
Boybands sind nicht tot. Sie sehen nur anders aus. Sie tanzen besser, posten mehr, sprechen oft eine Sprache, die ihre Fans gar nicht verstehen – und das ist völlig egal.
Die Bravo ist weg, aber die Hashtags sind da. Die Poster an der Wand wurden zu Bildschirmschonern. Und statt auf die neue CD zu warten, scrollt man durch den Livestream.
Vielleicht wird nie wieder eine Boyband so sein wie die Backstreet Boys. Aber das müssen sie auch nicht. Denn irgendwo auf der Welt wird gerade ein 15-jähriges Mädchen zum ersten Mal BTS hören.
Und jemand in einer Plattenfirma denkt sich: „Wir brauchen auch so was.
Denn egal, wie sich die Zeiten ändern – irgendjemand wird immer die nächste Boyband erfinden.

6.1 One Direction – Die Loser, die richtig abräumten

Castingshows waren das neue Volksmärchen: Pop Idol, The Voice, Popstars, Star Search, The X Factor – ab 2000 explodierte im Fernsehen das Format, das suggerierte: Jeder kann ein Star werden. Man muss nur einmal ins Fernsehen – und zack: Mikro, Fans, Weltruhm.

Im Sommer 2010 startete in England die siebte Staffel von The X Factor. Und wie immer kamen die Massen. Mitten unter ihnen: fünf Teenager, die gut waren – aber nicht gut genug fürs Bootcamp. Noch vor den Liveshows flogen sie raus. Harry Styles (16), Zayn Malik (17), Liam Payne (16), Niall Horan (16) und Louis Tomlinson (18) – allesamt rausgekickt.

Aber dann kam Nicole Scherzinger. Gastjurorin, Pussycat Doll, gute Menschenkennerin. Sie schlug vor, was heute wie Popgeschichte klingt: „Die sind gut – aber zusammen wären sie besser."

Simon Cowell – quasi der englische Dieter Bohlen mit besseren Anzügen – nickte. Ihm gefiel die Idee. Die Band war geboren.

Der Name? Angeblich eine Eingebung von Harry Styles. One Direction – klingt bedeutungsschwanger, passt aber vor allem perfekt auf T-Shirts, Poster, Tassen, Plüschbären und Federtaschen. Name passt.

Noch vor Jahresende 2010 stehen die fünf bereits in L.A., unterschreiben ihren Plattenvertrag und nehmen ihre ersten Songs auf. Zwischen Casting-Aus und Charts lagen gerade mal neun Monate – Pop-Speedrun.

Im September 2011 erscheint die erste Single: ‚What Makes You Beautiful'. In Großbritannien schießt sie direkt auf Platz 1, in Deutschland reicht es immerhin für Platz 12. Im November folgt das Debütalbum ‚Up All Night'. Über 4,5 Millionen verkaufte Exemplare im ersten Jahr.
Pünktlich zum Schulanfang – perfekt getimt, als hätte Simon Cowell persönlich den Stundenplan entworfen. Die Fanbase war hungrig und bekam, was sie suchte: eine neue Obsession.

2012 folgt die erste Welttournee – die Tickets? In Sekunden ausverkauft. Das zweite Album? In über 30 Ländern auf Platz 1. Das muss man erst mal schaffen. Vor allem als Band, die ursprünglich niemand wollte.
2013 geht es weiter mit einer neuen Tour – über 100 Shows weltweit, darunter sieben Mal die O2 Arena in London. Der Umsatz: 115 Millionen Dollar. Keine Boyband hatte bis dahin vergleichbare Zahlen. Und natürlich erscheint auch ein drittes Album.
Diesmal deutlich reifer, musikalisch wie inhaltlich. An fast jedem Lied sind die Jungs als Co-Autoren beteiligt. Mit ‚Story of My Life' horchten sogar Kritiker auf – plötzlich wurden One Direction nicht mehr nur als Boyband gesehen, sondern als Band mit Jungs. Die Songs klingen erwachsener, aber bleiben klar zielgruppentauglich. Auch die Kinodokumentation ‚This Is Us' erscheint in diesem Jahr – visuell glatt, erzählerisch belanglos, aber dennoch auf Platz 1 an den Kinokassen.

2013 ist ein Höhepunkt. Und doch wird deutlich: Was wir hier sehen, sind keine fünf Freunde, die sich aus der Schule kennen und gemeinsam Musik machen

wollen. Eigentlich hat man fünf Solostars mit eigenen Wünschen, Ideen und musikalischen Vorstellungen – zusammengehalten durch Verträge, Verpflichtungen und eine perfekte Maschinerie.
2014 folgt das vierte Album, begleitet von einer gigantischen Stadientour und einer Konzert-DVD. Four gilt vielen als das gereifteste Werk der Band – musikalisch vielfältig, textlich stärker als zuvor, mit erneut exzellenten Verkaufszahlen. Doch intern brodelt es.
Die Presse stellt Fragen: Wie lange hält das noch? Steigt Harry bald aus, um ein Soloalbum zu machen? Auch Zayn wirkt immer öfter abwesend, fast wie ein Gast auf der eigenen Bühne.

Im März 2015 kommt dann der Knall: Zayn steigt aus. Offiziell, weil er ausgebrannt ist, keine Kameras mehr will, keine Konzerte, keinen Druck. Vor allem aber, weil er sagt: One Direction sei nie seine Musik gewesen. Und das glaubt man ihm.
Der Rest der Band macht weiter. Im November erscheint das fünfte Album Made in the A.M., erstmals ohne Zayn. Es ist musikalisch solide, reifer, nachdenklicher – aber auch: ohne große Promo, ohne Tourankündigung, ohne Glanz. Die Band sagt: Das ist kein Abschied, nur eine Pause. Doch es fühlte sich anders an.

Zehn Jahre später wird das Thema Reunion immer wieder vage gestreift. Mal heißt es „vielleicht irgendwann“, mal „wir schließen nichts aus“. Und dann ist da Zayn, der sagt: „Das kommt nie wieder.“
2010 war One Direction ein Zufallsprodukt. 2015 eine globale Pop-Weltmacht. Und danach? Fünf junge

Männer, die endlich ihren eigenen Weg gehen dürfen. So endet – bisher – die Geschichte von One Direction und zu fünft können sie nun niemals wieder auf der Bühne stehen. Vielleicht also ist es wirklich aus mit der Band.

Und nach One Direction?

Harry Styles – Seine Karriere ging durch die Decke. Inzwischen hat er drei Soloalben veröffentlicht, eines davon gewann sogar einen Grammy. Auch als Schauspieler überzeugt er, er ist Imageikone, Gucci-Testimonial, modisch furchtlos. Irgendwie scheint ihm alles leichtzufallen – vielleicht, weil er den Sound von One Direction komplett hinter sich gelassen hat. Was er geschafft hat, ist selten: In meinen Augen haben das vor ihm nur **Justin Timberlake** und **Robbie Williams** geschafft. Wenn man ihn sieht, sieht man nicht mehr One Direction – man sieht **Harry Styles**. Und das ist vielleicht die größte Leistung, die ein Künstler aus dieser Schmiede überhaupt erreichen kann.

Zayn Malik – Er war der Schüchterne, der Sensible, dem es um Kunst ging, nicht um Stadien voller kreischender Menschen. Auch sein musikalischer Stil unterscheidet sich komplett von One Direction: introspektiver R'n'B, melancholisch und atmosphärisch. Zayn veröffentlichte erfolgreich Musik, zog sich aber zurück. Keine Tourneen, kaum Interviews – er macht einfach Musik. Und die hat für ihn mehr Bedeutung als Ruhm. 2020 wurde er Vater – auch das hielt er weitgehend aus der Öffentlichkeit heraus.

Niall Horan – Er hat es geschafft, sich **ohne Skandal, ohne Imagekampagne, ohne Drama** als ernstzunehmender Popmusiker zu etablieren. Seine Musik bewegt sich im Singer-Songwriter-Stil – ehrlich, zugänglich, oft unterschätzt. Er ist nicht der Lauteste, nicht der Schrillste – aber der **Beständigste**.
Sein Auftreten ist charmant, sein Erfolg stiller, aber stabil. Während andere suchen, weiß Niall, wer er ist – und vielleicht ist das seine größte Stärke.

Louis Tomlinson – In der Band war er oft der Unsichtbare. Der, der hinten stand, der sarkastisch war, der unterschätzt wurde. Nach der Band nahm er sich eine Auszeit. 2016 starb seine Mutter an Leukämie, mit nur 43 Jahren. 2019 verlor er seine Schwester an eine Überdosis. Louis zog sich zurück. Dazu kam: Er wurde 2016 Vater – all das verzögerte sein erstes musikalisches Lebenszeichen. Sein Debütalbum erschien 2020: **Britpop statt Boygroup**. Die Kritiken waren gemischt. Seine Musik dominiert keine Charts, aber sie erzählt ehrlich von **Verlust, Loyalität, Heimat** – und davon, weiterzumachen, wenn alle anderen längst gegangen sind.

Liam Payne – Er war so etwas wie der Leader der Gruppe. Zusammen mit Louis schrieb er an den meisten Songs mit. Doch nach der Band tat er sich schwer. Seine Solosingles hatten Erfolg, aber seine Alben blieben hinter den Erwartungen zurück. Liam fand **nie wirklich seinen eigenen Stil** – mal klang er wie Justin Bieber, mal wie Zayn, mal wie alles auf einmal. Er wurde Vater, kooperierte mit Hugo Boss, versuchte sich als Modegesicht. Doch in Sachen Stil stand er stets im Schatten von Harry Styles.

In Interviews zwischen 2021 und 2023 sprach er offen über seine Identitätsprobleme nach One Direction, über Depressionen, Tablettenabhängigkeit und **Alkoholsucht**. 2023 wurde er wegen schwerer Nierenprobleme ins Krankenhaus eingeliefert.
Ein Jahr später folgte der traurige Abschluss: Im Oktober 2024 stürzte er in Buenos Aires unter Drogeneinfluss aus dem Fenster eines Hotels und verstarb.
Das erste Zusammentreffen aller vier verbliebenden Mitglieder seit Jahren war kein Comeback – sondern seine Beerdigung.

Mein Fazit zur Band?

Natürlich kenne ich **Harry Styles** – man müsste schon hinter dem Mond leben, um den Namen noch nie gehört zu haben.
Zayn Malik ist mir auch schon mal begegnet, aber bei **Liam** kam mir der Name nur wegen der **Tragödie** in den Sinn, die sich später ereignete.
Und die anderen? Für mich – **unbeschriebene Blätter.**
Ich habe mich mit der Musik von One Direction **kaum beschäftigt**, bevor ich diese Biografie schrieb. **Lustigerweise mag meine Tante die Band.** Warum auch immer.
So kam es, dass ich mir an Weihnachten beim Kartenspielen via Alexa **One Direction** anhören durfte. Sie sagte nur:
„Die machen ganz schöne Musik."
Und ehrlich?
Sie hat recht. Die Musik ist **völlig in Ordnung**.

Wenn ich da an so manche Band aus den 90ern oder 2000ern denke, die hier im Buch vertreten ist – One Direction sind tatsächlich eine andere Liga.
Aber ich bin auch ehrlich:
Ich habe trotzdem nicht das Bedürfnis, mir abends ein „Best Of“ der Band reinzuziehen.
Bei den 90ern kommt oft Nostalgie dazu – oder wenigstens ein gewisser Trashfaktor.
One Direction haben für mich weder das eine noch das andere.
Vielleicht ist das der Preis für ordentliche Popmusik ohne Skandale und Absurditäten:
Man respektiert sie – aber man liebt sie nicht mit Herz und Wahnsinn.

6.2 BTS – Disziplin, Druck und Dynamite

Die letzte Bio gehört BTS – und ich habe mich fast bis zum Schluss davor gedrückt, weil ich keinen Zugang zu der Band fand.
Andere Gruppen, die ich nicht mochte, stammten aus den 90ern oder 2000ern und hatten entweder so viele Skandale oder waren so trashig, dass es eine Freude war, da einzutauchen und sie zu sezieren.
Aber BTS? Da musste ich mich einlesen – und immer wenn ich gelesen hatte, blieb der Unwille, etwas dazu zu schreiben.
Ich brauche aber eine K-Pop-Band. Es wäre nicht vollständig, einen Boyband-Essay zu verfassen, ohne auf die heutige, erfolgreichste Form dieser Richtung einzugehen. Und da landet man unweigerlich bei BTS.
Ich fand dann aber doch einen Zugang – sehr sogar. Und ich muss sagen: Ich habe durch BTS ein wenig was gelernt.
Denn natürlich sind BTS für mich spannend, weil sie aus einer ganz anderen Kultur kommen. Und wenn man sich die anschaut – mitsamt ihrer Geschichte –, dann wird es eben doch interessant.
Wie schon andere Bands zuvor ist auch BTS ein Prisma: eine Boyband, die uns einen bestimmten Aspekt zeigt. Und ja, das macht tatsächlich Spaß.

Vielleicht sollte man zuerst klären, was K-Pop überhaupt ist. Der Begriff steht für Korean Pop, also populäre Musik aus Südkorea – genauer gesagt für eine bestimmte Form von stark produzierter, visuell

orientierter Popmusik, die seit den 1990er-Jahren als eigenes Genre und bewusstes Exportphänomen aufgebaut wurde. Doch dieser Export war zunächst vor allem auf den asiatischen Raum beschränkt. China, Japan, Taiwan – Märkte, die geografisch nah lagen, kulturell vertrauter wirkten und wirtschaftlich vielversprechend waren. Europa hingegen war mit sich selbst beschäftigt.
Hier dominierte westliche Chartware, angereichert mit dem letzten Zucken von Eurodance, und es hätte wohl mehr als nur eine Glitzerjacke gebraucht, um dieses Publikum in Bewegung zu versetzen. Südkorea hätte 2005 ein ganzes Feuerwerk zünden können – Deutschland hätte es vermutlich höflich ignoriert.

Zwischen 2005 und 2012 jedoch veränderte sich das Bild langsam. K-Pop begann zu expandieren, nicht explosionsartig, sondern zäh und schrittweise. In Südostasien wuchs eine neue Fangemeinschaft heran, auch in Teilen Lateinamerikas entstanden starke Bewegungen, in Frankreich tourten die ersten Bands – und Deutschland?
Hier herrschte weiterhin eine fast schon trotzig anmutende K-Pop-Resistenz. Die Musik fand keinen Platz im Radio, keine Erwähnung in den Feuilletons, keine Relevanz in den Charts. Deutschland war in diesen Jahren musikalisch fest in der Hand von TV-Castingformaten, mit ihren jeweils für ein paar Monate aufleuchtenden Siegern: Mark Medlock, Daniel Schuhmacher, Mehrzad Marashi – alle da gewesen, alle verschwunden.

Parallel dazu wurden heimische Bands wie Wir sind Helden oder Silbermond gefeiert, während aus

Amerika Popgrößen wie Katy Perry oder Lady Gaga grüßten, laut, schrill und durchinszeniert – aber eben auf westliche Weise schrill, mit vertrautem Referenzrahmen.
Ab etwa 2012 begann K-Pop auch in Europa spürbarer zu werden. Gruppen wie EXO, 2NE1 oder Girls' Generation etablierten sich mit stabilen Fanbasen und einem wachsenden Social-Media-Echo.
Der Hype rollte an, Länder wie Frankreich oder Spanien reagierten früh. Nur Deutschland blieb merkwürdig unberührt. Wie bei Asterix gab es ein kleines Land, das sich nicht den Römern beugte – in diesem Fall nicht der koreanischen Welle, sondern einer neuen, fremden Form von Popkultur, die hierzulande allenfalls als kurioser Internettrend wahrgenommen wurde. Man wusste, dass es K-Pop gab. Aber man verstand ihn nicht. Und noch weniger fühlte man ihn.
Erst mit dem globalen Durchbruch von BTS änderte sich das grundlegend. Ab 2017 war die Band nicht mehr zu übersehen – nicht international, nicht medial, und irgendwann auch nicht mehr in Deutschland. BTS sprengten die westlichen Charts, gaben Interviews auf Englisch, hielten Reden bei den Vereinten Nationen, veröffentlichten Alben, füllten Konzerthallen und brachten all das mit, was in Korea längst Teil des Popgeschäfts war: eigene Dokus, Webserien, Merch, Fanshows, Streaming-Aktionen, Geburtstagsbanner. Und plötzlich war auch hierzulande etwas in Bewegung geraten. BTS – und mit ihnen der K-Pop – waren angekommen.

Aber ich greife vor. Um zu verstehen, warum gerade diese Band so viel auslöste, muss man zurückblicken.

Alles begann bei einem kleinen Label, das 2010 noch BigHit hieß – heute nennt es sich HYBE, mit deutlich mehr Selbstbewusstsein. Die großen Studios hatten zu dieser Zeit ihre Vorzeigebands längst etabliert: EXO, BigBang, 2PM – das waren Namen mit Gewicht, mit Geld, mit Produktionskraft. Und BigHit? Hatte nichts außer einer Idee. Ihr Versuch hieß: BTS.

Die Firma bestand im Wesentlichen aus ein paar Büroräumen, dem Gründer Bang Si-hyuk (ehemals Produzent bei JYP, einem der Big Player in Südkorea), einem winzigen Team – und der Hoffnung, dass es irgendwie klappen könnte.
Man entdeckte in der Underground-Szene den jungen Rapper Kim Namjoon – die erste Idee stand: eine Hip-Hop-Gruppe zu gründen, die nicht glattgebügelt war, sondern etwas zu sagen hatte. Sein Künstlername war RM, und er wurde so etwas wie das kreative Zentrum einer Gruppe, die es noch gar nicht gab, die aber im Aufbau war.
Schnell erkannte man, dass eine reine Rap-Gruppe nicht ausreichen würde. Für einen wirklichen Hit brauchte es mehr – Choreografie, Gesang, visuelle Reize und Emotionalität. Es kamen weitere Mitglieder dazu: Min Yoongi, Künstlername SUGA, der über ein Rap-Casting gefunden wurde; Jung Hoseok, genannt J-Hope, aufgenommen wegen seiner Tanzerfahrung; Kim Seokjin, alias Jin, der auf der Straße gecastet wurde; und Jeon Jungkook, der sich einfach Jungkook nennt – ein echtes Ausnahmetalent, das bei mehreren großen Labels im Gespräch war, sich aber für das kleine Studio entschied, weil er RM kannte.

Während die meisten Mitglieder zwischen 2010 und 2011 gecastet wurden, stieß Park Jimin – auch er nutzt seinen Vornamen – im Jahr 2012 dazu.
Seine Spezialität: moderner Tanz. Damit stand das Line-up.
Und jetzt schreien BTS-Fans auf. Nein, ich habe Kim Taehyung, besser bekannt als V, nicht vergessen. Tatsächlich war er schon seit 2011 Teil der Gruppe. Das Durchschnittsalter der Mitglieder lag damals übrigens zwischen 13 und 18 Jahren.
V war eigentlich nur als Begleitung eines Freundes zum Vorsingen gekommen – und wurde genommen. Trotzdem hielt BigHit ihn bis zum Debüt gezielt unter Verschluss. Nicht, weil er wie Quasimodo zu hässlich gewesen wäre. Nein – es war ein PR-Trick. Ein „Hidden Member", der erst beim offiziellen Debüt vorgestellt wurde.
Ein solcher Move bringt einen ins Gespräch – und genau das wollte BigHit. Man sah in ihm ein Ass im Ärmel, das man zur rechten Zeit ausspielen wollte.

Ihr Debüt war das Lied ‚No More Dream', gefolgt von einem Mini-Album. Der Song handelte von Kritik am koreanischen Bildungssystem und dem extremen Leistungsdruck – ein ungewöhnliches Thema für eine K-Pop-Band, die üblicherweise über Liebe und Selbstoptimierung singt.
Der Titel war kein sofortiger Hit – er passte nicht in das gängige Bild dessen, was man im Genre gewohnt war. Das Auftreten war nicht überinszeniert, sondern roher, persönlicher. Das war neu und musste erst seinen Weg finden – trug aber später dazu bei, dass BTS als „echter" wahrgenommen wurde als viele ihrer Konkurrenten.

2013 war hart. BigHit war klein, hatte kaum Einfluss, kaum Geld, und BTS lief so gut wie nie im Radio oder Fernsehen. Zwei weitere Singles folgten in diesem Jahr, doch sie wurden von den großen Agenturen weitgehend ignoriert.
Aber: BTS dokumentierte jeden Schritt. Über YouTube, Twitter, Blogs – sie zeigten, wie sie übten, scheiterten, lachten, weinten.
Das sicherte ihnen eine kleine, aber sehr treue Fanbase.
2014 veröffentlichten sie weiter Musik, erwähnenswert ist hier ihr erstes Studioalbum ‚Dark & Wild'. BTS begannen, Texte selbst zu schreiben – RM, SUGA und J-Hope sind hier als treibende Kräfte zu nennen.

Im Folgejahr dann der erste größere Erfolg mit dem Lied ‚I Need U'. Mit dem dazugehörigen Album mauserte sich die Band von einer K-Pop-Karteileiche zu einer ernstzunehmenden, angesehenen Formation. Dennoch: In Korea selbst gab es wenig mediale Anerkennung. Es war mehr ein Fanphänomen – aber die Jungs ließen sich nicht aufhalten.
2016 tourten sie im Ausland, spielten größere Konzerte, die Verkäufe stiegen merklich an. Ihre Starpower bestand nicht in Glamour, sondern in Offenheit. Jeder, der wollte, konnte sehen, dass sie nicht über Nacht zu Stars wurden, sondern hart für den Erfolg gearbeitet hatten.
Das verband. Sie hatten eine Geschichte als Background – das ist sehr viel mehr als ein durchgestyltes Produkt, das einfach auf der Bühne präsentiert wird.
2017 waren sie in Korea immer noch nicht wirklich angekommen. Dafür platzte die Bombe im Westen.

Im Mai 2017 gewannen BTS bei den Billboard Music Awards den Preis für „Top Social Artist“ – gegen Justin Bieber, Selena Gomez, Ariana Grande.
Das war kein Zufall. Ihre Fans, die ARMY, standen geschlossen hinter ihnen. Wenn andere nicht an sie glaubten – die Fans schon.
Der Moment war symbolisch: „K-Pop hat es in die USA geschafft – und es ist nicht BigBang oder EXO, sondern BTS.“

Im September erschien das Album ‚Love Yourself: Her‘ mit der Single ‚DNA‘ – ein internationaler Hit. Die YouTube-Zahlen schossen in ungeahnte Höhen, Twitter war von BTS dominiert, die Fans organisierten sich weltweit, und die Jungs selbst saßen plötzlich bei Jimmy Kimmel, Ellen DeGeneres, später bei SNL, Fallon, James Corden – und gaben Interviews auf Englisch, so gut es eben ging.
Man war auf absoluter Augenhöhe mit den US-Stars.
Natürlich gab es einen Imagewechsel. „Underdogs mit Haltung“ passte nicht mehr – wenn man eines nicht mehr war, dann Underdog.
BTS wurden zur „globalen Popgruppe mit Message“.

2018 wurde ihr Jahr. Drei Nummer-eins-Alben in Folge – etwas, das vor ihnen nur die Beatles geschafft hatten.
Werbekooperationen mit Puma und Coca-Cola. Eine Welttournee, bei der sämtliche Arenen ausverkauft waren. Der Doku-Kinofilm Burn the Stage kam raus.
Und Deutschland so: „Ach ja… BTS? Seltsam. Was ist das denn?“
Ganz langsam bemerkte man auch hier, dass da ein globaler Hype im Gange war.

Auch hierzulande entstand ein Bewusstsein dafür, dass da etwas Großes passiert war – und dass es möglicherweise nicht wieder verschwand.
Dies wurde wohl besonders im September des Jahres deutlich, als BTS eine Rede vor der UN auf Englisch über Identität, Selbstliebe, das Recht, sich selbst zu gehören, hielten – und so zu einer Stimme ihrer Generation wurden.
Die Love Yourself-Tour 2019 war ein nächster Meilenstein. Zum ersten Mal spielte BTS in ausverkauften Stadien, unter anderem im legendären Wembley-Stadion in London – was man durchaus als Ritterschlag werten darf. Nicht jede Band kommt dorthin.
Das nächste Album erschien, wieder ein Erfolg. Man war oben. Und dann begann man zu husten.
Die Pandemie 2020 versetzte die Welt in eine Starre – und auch BTS blieb davon nicht verschont. Die groß angelegte Welttournee Map of the Soul wurde abgesagt, das dazugehörige Album erschien dennoch. Und während viele Künstler sich zurückzogen, Konzerte verschoben und ins Private abtauchten, lieferten BTS weiter ab.

Im Sommer erschien ihre erste englischsprachige Single: ‚Dynamite'. Muss man dazu viel sagen?
Billboard Platz 1, Grammy-Nominierung, globaler Hype – erneut.
Es folgten Online-Konzerte, Dokus, Interviews, YouTube-Formate – eine Dauerpräsenz, die fast schon unheimlich wirkte.
Weitere englischsprachige Singles erschienen: ‚Butter', ‚Permission to Dance' – perfekt produziert, radiotauglich, glatt. Zu glatt, fanden manche Fans.

Es stellte sich die Frage:
Ist das noch BTS – oder längst K-Pop, produziert für den westlichen Markt?

Der kommerzielle Erfolg sprach gegen jede Skepsis. Kooperationen mit Coldplay, mit McDonald's, mit Modehäusern, eine zweite UN-Rede – BTS war längst mehr als eine Band, sie waren eine globale Marke.
Und trotzdem kam im Juni 2022 die Zäsur:
In einem Video zum neunjährigen Jubiläum verkündete die Gruppe offiziell eine Pause.
Keine Auflösung, aber ein Innehalten.
Intern sprach man von Überarbeitung, von Erschöpfung, von einem Kreativstau. Die Gruppe wirkte müde – nicht nur vom Erfolg, sondern auch vom eigenen Mythos.
Gleichzeitig zeichnete sich ab, worüber seit Jahren spekuliert wurde: Der Wehrdienst stand bevor. Und auch BTS konnten sich ihm nicht entziehen.
Erste Soloalben erschienen – unter anderem von J-Hope und RM. Und doch wurde offen kommuniziert:
„Wir kommen zurück."

Die Entscheidung, gemeinsam zu pausieren, war bewusst getroffen. Man hätte auch versetzt zum Militär gehen können – zwei jetzt, zwei später, ein paar im Studio halten. Das System kennt das. Aber BTS wollte es anders: geschlossen. solidarisch. öffentlich.
Sie sagten klar:
„Wir machen das. Es ist unsere Pflicht."

Und genau das, was für viele das Ende einer Boyband bedeutet hätte, wurde bei BTS zum nächsten Kapitel.

Das zeigt, wie unterschiedlich Korea und Europa ticken.
Eine Rückkehr zur Wehrpflicht gilt hier für viele als Aufrüsten zum Krieg – in Südkorea dagegen ist sie Teil des Erwachsenwerdens, eine bürgerliche Pflicht. Wer dem nicht nachkommt, landet im Gefängnis und wird gesellschaftlich geächtet.

Schauen wir uns an, was mit Künstlern passiert ist, die versuchten, sich darum zu drücken.
Da wäre zum Beispiel Yoo Seung-jun, Anfang der 2000er ein Superstar der koreanischen Musikszene. Er versprach öffentlich, seinen Dienst abzuleisten – doch 2002 ließ er sich kurz vor der Einberufung in den USA einbürgern und war damit automatisch vom Wehrdienst befreit.
Die Reaktion: ein beispielloser Backlash. Yoo Seung-jun wurde zum Symbol für Vaterlandsverrat, erhielt ein Einreiseverbot nach Südkorea (das bis 2020 bestand) – und seine Karriere war mit einem Schlag vorbei.
Auch MC Mong, ein beliebter Rapper der 2000er, geriet ins Visier der Öffentlichkeit.
2010 kam der Verdacht auf, er habe sich mehrere gesunde Zähne ziehen lassen, um als untauglich eingestuft zu werden.
Es folgte ein aufsehenerregender Gerichtsprozess. Zwar wurde er freigesprochen – aber der Makel blieb. Seine Karriere erholte sich nie ganz.
Ein anderer Fall ist T.O.P von BigBang:
Während seines Dienstes wurde bekannt, dass er Marihuana konsumiert hatte – in Südkorea illegal. Er wurde strafversetzt, angeklagt, und der Skandal überschattete den Rest seiner Dienstzeit. Auch seine

Karriere nahm spürbar Schaden.
Sein Bandkollege G-Dragon hatte während des Dienstes mehrere Krankschreibungen wegen Knöchelverletzungen.
Das führte zu Spekulationen über Sonderbehandlung – bewiesen wurde nie etwas, doch der Imageschaden war da.

Der Wehrdienst ist in Südkorea unumstößlich, und das hat tiefe historische Wurzeln.
Japan hatte das Land seit 1910 besetzt, teils mit brutaler Gewalt, bis 1945 die Kapitulation Japans im Zweiten Weltkrieg kam.
Anschließend wurde das befreite Korea in zwei Besatzungszonen geteilt: Der Norden fiel an die Sowjetunion, der Süden an die USA.
Doch Korea selbst verstand sich weiterhin als ein Land. Der Süden sah sich als legitime Regierung – der Norden genauso.
Es kam zu Grenzscharmützeln, bis Nordkorea 1950 den Süden überfiel – der Koreakrieg begann.
Es war ein Stellvertreterkrieg des Kalten Kriegs: Die USA kämpften mit rund 300.000 Soldaten auf Seiten Südkoreas,
die Sowjetunion lieferte dem Norden Waffen, und China schickte Truppen.
Was folgte, war ein blutiger Stellungskrieg mit 2 bis 4 Millionen Toten,
Hungersnöten, Vertreibungen, Zerstörung – ein Krieg, der sich in das kollektive Bewusstsein Koreas eingebrannt hat.
Drei Jahre dauerte das Grauen, bis 1953 ein Waffenstillstand – aber kein Friedensvertrag – unterzeichnet wurde.

Die Grenze verläuft seitdem entlang der Demilitarisierten Zone (DMZ) – eine der am besten bewachten Grenzen der Welt.
Die Gefahr aus dem Norden, die ständigen Drohgebärden, sind bis heute präsent.
Macht man sich diese Geschichte klar, wird verständlich, warum der Wehrdienst in Südkorea nicht einfach ein Männlichkeitsritual ist, sondern als notwendiger Schutz vor einer realen Bedrohung gilt. Er ist Teil des nationalen Selbstverständnisses – nicht nur Pflicht, sondern Identifikation.
In genau diesem Spannungsfeld bewegt sich auch BTS – zwischen globalem Popprodukt und koreanischem Staatsbürgerideal.

Noch ein paar Gedanken zum K-Pop.

Damit sind wir mit BTS durch – aber ich möchte noch ein paar Zeilen zum Thema K-Pop im Allgemeinen loswerden.
Nicht unbedingt, wie er ist. Sondern: Warum er so ist.
Wie zuvor gilt: Das hier ist kein wissenschaftlicher Aufsatz, es ist mein Eindruck – ein persönlicher Blick auf ein Land und seine Kultur, heruntergebrochen auf das, was mich daran interessiert: die Popmusik.
Südkorea ist ein faszinierender Widerspruch.
Frei, modern, technisiert – und gleichzeitig unfassbar konservativ und streng kontrolliert.
Es gibt freie Medien – und doch wird regelmäßig zensiert, vor allem wenn es um Regierungskritik oder Korruption geht.
Hatespeech wird online hart verfolgt, es gibt Prozesse, Strafen und gesellschaftliche Folgen.
Technisch ist das Land top aufgestellt – Glasfaseranschluss ist Standard, die E-Gaming-Szene riesig.

Man konsumiert westliche Inhalte – Disney, Marvel, Justin Bieber, Ed Sheeran.
Aber koreanische Marken und Produktionen haben klar Vorrang.
Man ist ein Kosmos für sich, offen für das Außen, aber stolz auf das Eigene.

Netflix hat das erkannt.
Mit Squid Game gelang nicht nur ein Hit – sondern der Beweis: Koreanische Eigenproduktionen können global funktionieren, ohne ihre kulturelle Identität zu verlieren.

Was für uns bei K-Pop oft „feminin" oder „schwul" wirkt, ist in Wahrheit ein anderes Schönheitsbild.

- Helle, makellose Haut.
- Schlanker, aber durchtrainierter Körper.
- Sanfte Gesichtszüge, große Augen, schmale Nase, zartes Kinn.
- Kleidung? Androgyn, verspielt, modisch – aber nicht „unmännlich", sondern modern.

In Südkorea bedeutet Pflege Disziplin, Stil bedeutet Kontrolle, und ein makelloses Auftreten zeigt Respekt vor sich und anderen.
Dem gegenüber steht unser Bild von Männlichkeit: Groß, kantig, unrasierte Kieferpartie – eher „raubeinig charmant" als porentief rein.
Und dann ist da noch das Spiel mit den Queercodes. In K-Pop wird sich umarmt, berührt, geküsst (meist auf die Wange) – es wirkt nah, zärtlich, offen. Man könnte meinen, Südkorea sei in dieser Hinsicht liberal.
Aber das ist Trugschluss und Theater zugleich.

Homosexualität ist nicht strafbar – außer beim Militär. Dort wird sie unter dem Vorwand „Schädigung des Vaterlandes“ verfolgt.
Zivile Rechte wie Ehe oder Adoption? Fehlanzeige. Gesellschaftliche Akzeptanz? Noch weniger.
Queere Jugendliche werden auch heute noch von ihren Familien verstoßen.
Ganz nach dem Motto: „Dafür haben wir dich nicht großgezogen.“

Und trotzdem – oder gerade deshalb – spielt K-Pop mit diesem Schwebezustand.
Man deutet an. Man provoziert. Man neckt. „Vielleicht bin ich’s … aber natürlich bin ich es nicht.“
Das ist inszenierte Ambivalenz, ein Code, den alle verstehen – und keiner ausspricht.
K-Pop ist kein naiver Zuckerguss – es ist ein kulturell hochcodiertes System, in dem Emotion, Kontrolle, Fantasie und Realität ständig aufeinanderprallen. K-Pop ist nicht einfach Popmusik, es ist Hochleistungssport mit Glitzer.
Was bei uns wie ein fantasievoll inszeniertes Musikvideo aussieht, ist oft das Produkt von Jahren voller Training, Drill und Selbstverleugnung.
Viele der Idols haben mit zwölf oder dreizehn ihre Familien verlassen, um in sogenannten Trainee-Zentren zu leben .
Dort wird nicht nur getanzt und gesungen – dort wird aussortiert.
Jeden Monat, manchmal jede Woche.
Wer nicht gut genug ist, fliegt raus.
Wer bleibt, trainiert bis zu vierzehn Stunden am Tag.

Körper, Stimme, Sprache, Lächeln – alles wird geübt. Und bewertet.
Debütieren zu dürfen ist kein Glück, es ist die Endstufe eines Casting-Marathons.
Und selbst dann ist nichts sicher.
Erfolg bedeutet: immer liefern.
Keine Müdigkeit, keine Makel, keine Skandale.
Denn wer fällt, fällt tief – und öffentlich.
Das ist kein Zufall, sondern Ausdruck eines gesellschaftlichen Musters:
Leistung ist Pflicht. Fehler sind Schwäche. Erfolg ist das Minimum.

Das koreanische Bildungssystem funktioniert ähnlich. Lange Schultage, Nachhilfe bis tief in die Nacht, Prüfungen, Rankings.
Wer es nicht schafft, bleibt zurück.
Und wer zurückbleibt, verliert sein Gesicht – in einer Kultur, in der Anerkennung, Ansehen und Aufopferung eng miteinander verknüpft sind.
Natürlich gibt es inzwischen Diskussionen über mentale Gesundheit.
Natürlich sagen manche Agenturen, sie wollen mehr Rücksicht nehmen.
Aber am Ende ist K-Pop immer noch ein System, das sich perfekte Menschen auf der Bühne wünscht – und dabei vergisst, dass sie darunter auch einfach nur Menschen sind.

Was die Mitglieder heute machen?

Das lasse ich bei BTS offen. Denn es gibt schlicht noch kein „nach der Band“.
Die Gruppe existiert weiter – nur pausiert
Die Soloalben in der Zwischenzeit sind keine

Anzeichen für eine Trennung, sondern Teil einer Übergangszeit:
Die Mitglieder leisten nach und nach ihren verpflichtenden Wehrdienst in Südkorea.
Es ist also davon auszugehen, dass BTS 2025 oder 2026 zurückkommen.

Aber… drei Jahre Pause sind eine Ewigkeit in der Popwelt.
Vor allem, wenn man das klassische Boyband-Modell betrachtet.
Ein Blick in dieses Buch zeigt ein klares Muster: Boyband = jedes Jahr ein Album, wenn möglich. Nach drei, spätestens vier Platten ist Schluss. Warum? Weil das Publikum altert – und mit ihm das Interesse. Und die nächste Generation? Die will in der Regel nicht die Band feiern, die die große Schwester mal toll fand.
Genau dieses Problem wird auch BTS haben. Die Fans von damals waren 15, jetzt sind sie 19 oder 20 – und was man in dem Alter damals gefeiert hat, ist heute oft peinlich.
Vielleicht bleibt ein Rest Sympathie, aber das hormonelle Kreischen ist verklungen.
Und die neue Zielgruppe? Die wird BTS nicht als ihre Band sehen – sondern als Rückkehrer.
„Ach, die da – fand meine Cousine mal gut."
Man selbst will seine eigene Band, die jetzt spricht – nicht einen Veteranenchor, der noch einmal Dynamite anstimmt.
Es bleibt also abzuwarten, ob BTS diesen Hype nochmal entfachen kann – oder ob das Popkarussell sich längst weitergedreht hat.

Und ich?

Ich habe mir ein paar Lieder angehört.
Ja, ‚Dynamite' ist okay.
Aber ich bin nicht die Zielgruppe.
Für mich klingen ihre Stimmen austauschbar, der Stil ist nicht meins – aber das ist auch nicht schlimm.
Meine Eltern haben bei den 90er-Boybands auch gedacht:
„Was für ein Schwachsinn, wie sehen die denn aus?!"
Und deren Eltern sagten:
„Die Beatles? Männer mit solchen Haaren?
Unverschämt!"
So ist das eben.
Jede Generation hat ihre Idole.
Vor drei Jahren waren es BTS.
Vielleicht sind sie es morgen wieder.
Vielleicht aber auch nicht.

7. Digital natives und globale Beats (2020er)

Die 2020er Jahre sind das Jahrzehnt, in dem Boybands längst nicht mehr nur „Jungs mit passenden Outfits und Tanzmoves“ sind. Sie sind komplexer, diverser – und vor allem digitaler geworden. Während One Direction und BTS den Weg bereiteten, hat sich die Popkultur in den letzten Jahren noch radikaler gewandelt.
TikTok, Instagram und YouTube sind heute die Hauptbühnen, auf denen neue Stars geboren werden. Ein viraler Tanz oder eine Challenge kann einen Song in wenigen Tagen in alle Playlists katapultieren – manchmal sogar ohne traditionelle Promotion oder großes Label im Rücken. So entstanden viele neue Acts, die sich nicht mehr auf den klassischen Boyband-Begriff festlegen lassen.

Auch die Fangemeinschaften haben sich verändert: Sie sind global vernetzt, digital organisiert und oft selbst zu kreativen Multiplikatoren geworden.
Fanprojekte unterstützen ihre Lieblinge mit Übersetzungen, Merch-Kampagnen und Streaming-Events, die früher undenkbar gewesen wären. Die Nähe zur Band hat eine neue Dimension erreicht – Livestreams, Social-Media-Kommentare, Reels und „Behind the Scenes“ machen das Leben der Idole fast greifbar.

Inhaltlich spiegelt sich das auch wider: Themen wie Mental Health, Diversität und soziale Gerechtigkeit sind präsent. Boybands zeigen mehr Ecken und Kanten, manche Mitglieder treten offen queer auf, andere brechen bewusst mit alten Klischees. Die klassische Fassade bröckelt, und das kommt gut an. Fans suchen heute nach Authentizität, nicht nur nach Perfektion.

Der globale Markt ist dabei wichtiger denn je: K-Pop bleibt unangefochten an der Spitze mit Bands wie BTS, BLACKPINK oder Stray Kids. Doch auch andere Länder senden starke Signale: Die japanische Szene, die amerikanischen Groups, und neue Akteure aus Lateinamerika und Afrika. Der Begriff „Boyband" verliert damit an regionaler Bedeutung und wird mehr zu einem weltweiten Phänomen, das sich ständig neu erfindet.

Musikalisch ist das Phänomen der 2020er Jahre deutlich vielfältiger und weniger homogen als früher. HipHop, R&B, Pop, EDM und sogar Rock-Elemente finden sich heute in den Songs von Boybands. Die Streaming-Kultur hat zu kürzeren Tracks, häufigeren Releases und vielen Remix-Varianten geführt – alles, um möglichst viele Hörer zu erreichen.

Klar ist: Die Boyband ist nicht tot. Sie lebt weiter – nur eben digitaler, diverser, globaler. Und sie spricht eine Sprache, die nicht immer für jeden verständlich sein muss, um Millionen Herzen zu erreichen.
Außerdem lässt sich heute nicht mehr so klar definieren wie früher: Sind Boybands tot? Wenn man damit meint, ob es noch einmal eine Gruppe wie die Backstreet Boys geben wird – also einen Hype, wie ihn die 90er hatten –, dann ist die Antwort wohl eher nein. Sicher wird es immer wieder Ausreißer geben.

Aber einen Boom wie damals? Unwahrscheinlich.
Dennoch wird es weiterhin Bands und Künstler geben, die von Plattenfirmen gezielt vermarktet, in Rollen gepresst und so inszeniert werden, dass Mädchen schmachten können. Solange es Musik gibt und damit Geld zu verdienen ist, wird das Phänomen in irgendeiner Form weiterbestehen.
Boygroup ist also tot – aber wie so oft in der Popkultur wird sie nie ganz sterben, sondern sich immer wieder neu erfinden, um in den jeweiligen Zeitgeist zu passen. Während in den 60ern und 70ern noch Bands dominierten, die sich selbst fanden, waren es in den 90ern und 2000ern vor allem die zusammengestellten Gruppen, die den Markt bestimmten. Wohin die Reise als nächstes geht, bleibt spannend.

8. Das Baukastenprinzip – So werden Boybands gemacht

Boybands funktionieren selten zufällig. Sie sind gebaut wie ein Baukastensystem – jede Figur erfüllt eine bestimmte Rolle, ein bestimmtes Bedürfnis. Wer glaubt, es sei Zufall, dass in jeder Band ein „Nick“, ein „AJ“ und ein „Howie“ sitzt, hat nicht aufgepasst.
Man castet nicht Stimmen – man castet Zielgruppen. Und Emotionen.
Wer jemandem die große Liebe verkaufen will, braucht verschiedene Typen. So entsteht Nähe. So entsteht Projektion. So entsteht Fanliebe.

1. **Der Niedliche – The Cute One**
   Der mit dem Babyface, dem verpeilten Lächeln und dem unschuldigen Blick. Oft der Jüngste – oder zumindest derjenige, der so wirkt.
   Er soll beschützt werden. Er ruft große Schwestergefühle hervor – oder erste pubertäre Fantasien.
   Beispiele: Nick Carter (Backstreet Boys), Joey McIntyre (New Kids on the Block)
2. **Der Schüchterne – The Quiet One**
   Er sagt wenig, steht oft am Rand. Hat traurige Augen und wirkt tiefgründig.
   Perfekt für die stillen Fans, die hoffen, dass er nur auf sie wartet.
   Beispiele: John Sutherland (B3), Zayn Malik (One Direction)

3. **Der Wilde – The Bad Boy**
   Unrasiert, unberechenbar, sexy. Der mit der Kippe im Mundwinkel, der zu spät zur Probe kommt, aber beim Solo alle umhaut. Unnahbar und doch begehrt.
   Beispiele: AJ McLean (Backstreet Boys), Robbie Williams (Take That)
4. **Der Anführer – The Leader**
   Er gibt Interviews, hat meist die beste Stimme, wirkt erwachsen.
   Ist der Kitt, der alles zusammenhält – und inoffizieller Sprecher der Band.
   Beispiele: Justin Timberlake (NSYNC), Shane Filan (Westlife)
5. **Der Clown – The Joker**
   Er macht Witze, zieht Grimassen, bringt Leben in jede müde Runde.
   Er ist der, mit dem man Pferde stehlen kann – und der sich selbst nie zu ernst nimmt.
   Beispiele: Louis Tomlinson (One Direction), Howard Donald (Take That)
6. **Der große Bruder – The Big Bro**
   Meist der Älteste oder Reifste im Bunde. Beschützend, ruhig, bodenständig. Der, der nicht mehr ganz in die Bravo passt – aber dafür in jedes Fanherz.
   Beispiele: Kevin Richardson (Backstreet Boys), Donnie Wahlberg (NKOTB)
7. **Der Exot – The Token Diversity**
   Wenn alle anderen weiß und mittelklassig sind, braucht's wenigstens einen, der anders aussieht – oder klingt.
   Seine Rolle: Vielfalt, ohne zu viel zu stören. Oft charmant, aber nie ganz im Zentrum.

Beispiele: Howie Dorough (Backstreet Boys), Simon Webbe (Blue), Jay Khan (US5)

Hat man nun also fünf Jungs, drückt man sie in diese Rollen – die sich durchaus überlagern können.
Der Clown kann auch der Rebell sein. Der Schüchterne auch der Niedliche.
Die meisten Boybands bestehen aus zwei Sängern, einem Rapper – und zwei, die vor allem gut aussehen und mitschunkeln.
Alle müssen tanzen können. NSYNC war berühmt für perfekte Choreos.
Können sie das nicht, braucht es anderen Schauwert: Drama, Emo-Image, heiße Videos.
Und dann ist da noch die goldene Regel:
Jeder muss erreichbar wirken.
Also: hetero. Und single.
Zumindest offiziell – und solange der Hype anhält. Outings? Freundinnen? Hochzeiten?
Erst, wenn die Fanbase sicher steht. Oder der Zenit längst überschritten ist.

Man verkauft keine Musik – man verkauft eine Illusion.
Und jede Rolle ist nur ein weiteres Puzzlestück auf dem Poster über dem Bett.
Boybands verkaufen keine Musik.
Sie verkaufen Sehnsucht.
Damit das funktioniert, muss jedes Detail stimmen – und vieles weggelassen werden.
Denn wer die große Liebe verkaufen will, darf keine Realität mitliefern.
Zumindest keine, die stört.
Keiner ist schwul. Keiner ist vergeben. Alle sind

erreichbar.
Das ist das ungeschriebene Gesetz hinter jeder erfolgreichen Boyband.

Denn was passiert, wenn rauskommt, dass der Lieblingssänger in festen Händen ist?
Die Projektion zerbricht. Der Zauber ist weg.
Ob es nun Louis und Eleanor, Zayn und Gigi oder Brian und Leighanne waren, in dem Moment, in dem das Mädchen vorm Bravo-Poster weiß, dass er wirklich jemanden liebt, ist er nicht mehr „ihrer".
Noch schlimmer?
Ein Coming-out.
Denn plötzlich kippt die ganze Illusion ins Wanken: Wenn er nie für mich geschwärmt hätte – war das alles nur Show?

Die Industrie wusste das. Und tat alles, um den Schein zu wahren:

- Liebesgerüchte wurden dementiert.
- Freundinnen versteckt.
- Queerness runtergespielt – oder gleich ganz unterdrückt.

Viele Boybands der 90er und 2000er waren voll mit schwulen Sängern, aber outen durften sie sich erst nach dem Karrierehöhepunkt.
Stephen Gately. Lance Bass. Eloy de Jong. Ricky Martin.
Alle lebten jahrelang im Versteck.
Denn ein schwuler Boy war schlecht für den Umsatz.

Dasselbe galt für zu viel Persönlichkeit.
Wer zu laut war, zu unbequem, zu politisch – wurde entweder eingefangen oder ersetzt.

Denn die perfekte Boyband war ein sauber kalkuliertes Produkt.

Jeder sollte das Gefühl haben:
Einer davon könnte mich lieben.
Aber keiner durfte wirklich lieben.

Es war nie die Frage, ob Boyband-Mitglieder Gefühle haben. Sondern welche – und vor allem: für wen.
Die perfekte Boyband war nie nur ein musikalisches Projekt. Sie war ein Sehnsuchtsprodukt.
Jedes Mitglied musste verfügbar wirken – nicht im rechtlichen Sinne, sondern im emotionalen.
Er sollte für dich singen. Für dich lächeln. Vielleicht sogar für dich weinen.
Aber auf keinen Fall für jemand anderen.
Und ganz sicher nicht für einen anderen Jungen.

Das ist der Punkt, an dem das große Boyband-Versprechen ins Wanken gerät.
Denn Boybands waren zwar oft körperlich nah – Händchenhalten, Kuscheln, Umarmungen auf Tour – aber das diente der Illusion: Brüderlichkeit, Vertrautheit, das Fast-schon-Verliebte.
Es war ein Spiel mit Andeutung, aber ohne Bestätigung.
Und wehe, jemand wollte mehr daraus machen.

Zwischenton: Wann ist der Mann ein Mann?

All das zeigt: Die Boyband war nie nur Musik – sie war immer auch ein Modell für Männlichkeit. Nur: Was heißt das überhaupt – Männlichkeit?

Wann ist der Mann ein Mann?
Eine Frage, die Herbert Grönemeyer 1984 stellte – und die wir vielleicht nie endgültig beantworten können.
Doch Popkultur liefert uns immer wieder neue Versuche.
Einer davon: die Boyband.

Holen wir weit aus für diesen Swing: **Ende Zweiter Weltkrieg.**
Die Männer sind dezimiert – viele gefallen, vermisst oder traumatisiert.
Oft scheint es, als werde einfach genommen, was noch da ist.
Denn es gibt ein massives Gefälle der Geschlechter.
Die überlebenden Männer rücken wieder ins Zentrum der Familie.
Der Mann ist Beschützer, Ernährer, das patriarchale Fundament der Nachkriegsgesellschaft.
Was das mit Boybands zu tun hat? Noch nichts.
Aber es zeigt die Rolle, die Männer in dieser Zeit einnehmen – **stark, schweigsam, funktional.**
Die Nachkriegszeit formt ein Rollenbild, das auf Pflicht, Härte und Zurückhaltung basiert.
Doch mit dem Wohlstand wächst auch der Mut zur Abweichung – **auch musikalisch.**
Die nächste Generation erlebt nicht mehr den Krieg, sondern den wirtschaftlichen Aufschwung.
Und mit ihm kommt die Rebellion: gegen die Väter, gegen Autoritäten, gegen alte Bilder.
Rock'n'Roll bricht auf, vier junge Engländer tragen lange Haare und provozieren als „Pilzköpfe“ die spießige Elterngeneration: **die Beatles.**

Sie stoßen etwas an, das nicht mehr aufzuhalten ist.
In den 70ern verschwimmen durch Glamrock die Geschlechtergrenzen.
Männer tragen Make-up, Frauenanzüge, Plateauschuhe.
Und doch bleibt das alte Bild hartnäckig bestehen: Frauen müssen beschützt werden, Männer sind das starke Geschlecht.
Im Kino der 80er dominieren Muskelberge.
Schwarzenegger. Stallone. Van Damme.
Der Held ist schweigsam, brutal, männlich.
Und dann kommen: **New Kids on the Block.**
Und kurz darauf: **die Backstreet Boys.**
Plötzlich singen schöne Jungs „As Long As You Love Me", tanzen synchron, tragen Lipgloss und blicken sehnsüchtig in die Kamera.
Männer spotten: „Schwuchteln." Doch die Mädchen kreischen.
Und was Erfolg hat, wird kopiert.
Der Körperkult verändert sich. Nicht mehr Masse zählt, sondern Definition.
Aus Muskeln werden Sixpacks. Aus Männern: Körper.
Natürlich ist das verkürzt. Doch Boybands haben mitgewirkt – an einer leisen, aber nachhaltigen Verschiebung des Männerbildes.
Und dann kommt das, was das Klischee scheinbar bestätigt: **Einige Bandmitglieder outen sich.**
Plötzlich ist es tatsächlich schwul – zumindest in den Köpfen jener, die das immer schon vermutet haben.
Und die Gesellschaft muss sich neu sortieren.
Der Begriff metrosexuell macht Karriere. Männer benutzen Cremes. Männer dürfen Gefühle zeigen.
Männer dürfen weich sein.

Ein nackter Männerkörper in der Werbung? Früher Provokation – heute Normalität.
Und die Frage, wann ein Mann ein Mann ist, bekommt vielleicht endlich eine neue Antwort:
Wenn er sich nicht mehr dafür schämen muss, keiner zu sein.
Vielleicht ist der Mann ein Mann, wenn er weinen darf – und trotzdem bejubelt wird.
Vielleicht war die Boyband der erste sichere Raum dafür.
Oder vielleicht war sie nur ein besonders hübsch verpackter Käfig.

In meiner Kindheit waren Männer einfach zu erkennen.
Sie waren breit, stark und hatten keine Gefühle. Sie hießen Rambo, Rocky, Conan, – oder trugen den Namen He-Man und einen Lendenschurz.
Sie hauten zu, zogen sich an Lianen hoch, hatten Waffen, Muskeln und keine Meinung über Körperpflege.
Wenn sie Gefühle zeigten, dann nur durch Schweigen. Oder durch Explosionen.
Das war das Männerbild, mit dem ich groß wurde.
Und dann – fast unbemerkt – veränderte sich etwas.
Plötzlich hingen in den Zimmern meiner Mitschülerinnen keine Sylvester-Stallone-Poster mehr, sondern **Nick Carter**.
Er hatte keine Bazooka – nur blonde Strähnen, ein Lächeln wie aus der Zahnpasta-Werbung, und ein Bauch, der nicht hart war, weil er trainiert wurde – sondern weil er gut aussah.

Der Muskelberg wurde abgelöst durch das Sixpack.
Aber das war nicht einfach nur ein neuer Körper – das war ein **neues Versprechen von Männlichkeit**.
Weich statt hart. Süß statt brutal.
Erreichbar statt unbesiegbar.
Und während ich früher dachte, ein Mann müsse aussehen wie He-Man, stellte ich plötzlich fest, dass der neue Maßstab jemand war, der weinen durfte – aber bitte gut dabei aussah.
Der tanzen konnte. Der singen konnte.
Der „I want it that way" hauchte, während er dabei in die Kamera blickte, als würde er dich wirklich meinen.
Das war der neue Mann.
Und ich?
Ich wusste nicht mehr, was ich sein sollte.
Nur, dass ich weder He-Man war, noch Nick Carter.

9. Boybands für die Masse – Girlbands am Rand der Bühne

Wir wurden regelrecht überschüttet mit Boybands. Ich habe hier nur die wichtigsten genannt – zumindest aus meiner Sicht. Aber es gäbe noch Dutzende, vielleicht Hunderte mehr.
Ganz anders sieht es bei Girlbands aus.
Sagt man „Girlgroup“, fällt den meisten ein Name ein: die Spice Girls.
Und dann? Klar – Destiny’s Child, TLC, vielleicht noch die Sugababes oder All Saints.
Aber waren das wirklich Boyband-Kopien? Mit klaren Rollen, Bubblegum-Pop und Choreos für Bravo-Poster?
Eigentlich nicht.
Die Spice Girls waren fast die einzigen, die das Boyband-Prinzip wirklich umdrehten – und damit auch funktionierten.
Fünf Typen, fünf Spitznamen, fünf Farben. Nur ging’s hier nicht um Schwärmereien oder den einen perfekten Boyfriend – sondern um Haltung.
Girl Power war das Versprechen, nicht das Verliebtsein.
In Deutschland schafften es mit Abstrichen noch **Tic Tac Toe** oder die **Preluders** – aber der große Wurf? Eher die Ausnahme.
Eine dieser Ausnahmen: die **No Angels**.
Gecastet in der ersten Popstars-Staffel, wurden sie zu echten Stars – in Deutschland. Auch in Österreich und der Schweiz funktionierte das.
Aber der Sprung ins Ausland? Misslang.
Zu brav, zu deutsch, zu sehr Mainstream. Wer ihre

Castingshow nicht gesehen hatte, hatte keinen Bezug zur Band.
Und das Label – **Polydor Deutschland** – sah kein großes Potenzial für einen internationalen Durchbruch.
Ohne Radio-Airplay, ohne große TV-Slots, ohne Rückenwind aus der Industrie bleibt selbst der größte Hype ein regionales Phänomen.
Auch gemischte Gruppen taten sich schwer.
Bro'Sis war nach einem Sommer schon wieder Geschichte – und **Nu Pagadi** noch schneller.
S Club 7 schaffte ein paar Achtungserfolge, aber das Boyband-Prinzip ließ sich auf gemischte Gruppen kaum anwenden.
Die Rollenverteilung funktionierte nicht mehr, die Zielgruppe wurde unklar – und das Konzept verlor seine Magie.

Warum eigentlich?
Ganz einfach: Wenn das Zielpublikum junge Mädchen sind, wird es kompliziert, wenn Jungs und Mädchen zusammen auf der Bühne stehen.
Wer steht im Mittelpunkt? Ist der süße Sänger mit der Tänzerin zusammen? Muss man auf sie eifersüchtig sein? Gibt es überhaupt eine klare Projektionsfläche – oder stört „die andere" dabei nur?
Auch Girlgroups taten sich schwer mit der Rolle, die Boybands so effektiv ausfüllen konnten.
Boybands verkauften Liebe. Schwärmereien. Das Gefühl von „er gehört nur mir".
Girlbands konnten das nicht einfach spiegeln – sie sollten emanzipiert sein, cool, laut.
Aber dafür hingen keine Poster im Zimmer – zumindest nicht mit Herzchen drum.

Boybands sind Projektionsflächen für Sehnsüchte. Girlbands sollten Vorbilder sein. Und genau darin liegt vielleicht der Unterschied:
Man sehnt sich nicht nach einem Vorbild. Man will sich verlieben.
Die Spice Girls waren ein Ausnahmephänomen. Sie hatten klare Rollen, plakative Outfits, Wiedererkennungswert, Choreos und eine gezielte Ansprache ans junge Publikum.
Aber: Sie verkauften keine Schwärmerei – sie verkauften Empowerment.

Andere Girlbands wie Destiny's Child, TLC oder All Saints hatten starke Stimmen, Hits und Stil – aber sie füllten nie die gleiche Funktion wie Boybands. Sie waren cool, edgy, sexy, manchmal feministisch – aber sie waren kein Postertraum fürs Kinderzimmer.
Es gab also nie wirklich ein weibliches Pendant zur Boyband – keine Gruppe, die bewusst mit dem Ziel konstruiert wurde, Schwärmerei zu verkaufen, Herzklopfen auszulösen und durch choreografierte Projektion die perfekte Liebe zu inszenieren.
Die Girlband war oft eine musikalische Idee – die Boyband ein emotionales Geschäftsmodell.
Und genau das erklärt, warum so viele Girlgroups zwar Hits hatten, aber niemals denselben Hype auslösten.
Einzig die Spice Girls schlugen in diese Kerbe – und selbst bei ihnen war das zentrale Versprechen nicht „Liebe", sondern „Stärke".

Girlbands mussten stets einen Spagat meistern: unabhängig, stark und cool sein – echte Role Models, keine bloßen Träume fürs heimliche Verliebtsein.

Das schränkt den Raum für romantische Projektionen ein – und macht die Vermarktung deutlich komplexer. Während Boybands im „Er gehört nur mir“-Modus funktionierten, mussten Girlbands eher zeigen, wie man sich selbst liebt und behauptet.
Eine Liebe, die sich nicht in Posterherzen übersetzen lässt, sondern in Empowerment und Selbstbewusstsein.
Kein Wunder also, dass ihre Blütezeit oft kürzer und ihr Erfolg schwerer kalkulierbar war.

Und dann ist da noch die Zielgruppe.
Jungs schwärmen anders. Die schauen sich keine Girlbands an, um sich zu verlieben. Die wollen’s plakativer. Sorry Jungs…
In der Regel hört man als Teenager-Junge entweder harte, „männliche“ Sachen – oder sexualisierte.
Das ist nicht charmant, aber marktwirtschaftlich relevant.
Und es erklärt, warum Girlbands selbst dann schnell wieder verschwinden, wenn sie musikalisch stark sind.
Aber machen wir ein Gedankenspiel:
Im letzten Kapitel ging es um die emotionale Verfügbarkeit von Boybands und wie sie das Männlichkeitsbild beeinflusst haben.
Jetzt wird es körperlicher. Oder genauer: Es geht darum, **wer überhaupt körperlich begehren darf – und wer nicht.**
Vor allem: warum männliche Schwärmerei immer noch als anstößig gilt – und weibliche als süß.
Wie müsste also eine Girlband ausgelegt sein, um genauso zu funktionieren wie eine Boyband für

Mädchen – nur dieses Mal mit Teenagerjungs als Zielgruppe?
Wir nehmen wieder eine Schablone: junge Frauen, die in Rollen gepresst werden.

1. Der Vamp

→ Die Unerreichbare, vielleicht deine erste Obsession

- Look: Glatte, schwarze Haare, dunkler Lippenstift, teure Klamotten
- Vibe: „Ich spiele nicht mit dir. Ich lasse dich spielen."
- Twist: Führungsfigur der Gruppe, könnte auch mal fürsorglich sein – Big Sister Energy, aber sexy

2. Die Sportliche

→ Dein bester Kumpel – der dir plötzlich den Atem raubt

- Look: Bizeps, Tanktop, schiefer Pony, Sonnenbrille auf dem Kopf
- Vibe: „Lauf schneller, Baby. Oder ich bin weg."
- Twist: Ist für Spaß zu haben, aber hat vielleicht auch das größte Herz – der emotionale Underdog

3. Der Exot

→ Das Rätsel mit Hüftschwung und unergründlichem Blick

- Look: Goldene Haut, bauchfreies Top, Tattoos in fremden Schriftzeichen
- Vibe: „Ich komme von dort, wo Träume nachts flüstern."
- Twist: Redet wenig, wirkt aber tief – viele Fantasien, wenig Worte

4. Die Lolita

→ Die Kleine, bei der man nicht weiß, ob man lachen oder schwitzen soll

- Look: Zöpfe, Kleid mit Rüschen, Gummibärchen-Ohrringe

• Vibe: „War das jetzt unanständig? Hihi, ich hab das gar nicht gemerkt…“
• Twist: Vielleicht ist sie die cleverste – spielt die Unschuld nur, um alles zu bekommen

5. Die Rebellin

→ Schmerz, Lust, Freiheit. Alles in einem Blick.
• Look: Leder, Netz, Ketten – und vielleicht ein Pflaster im Gesicht
• Vibe: „Ich verletz mich nicht. Ich fühle nur zu laut.“
• Twist: Sieht aus wie die Wilde, aber ist eigentlich zutiefst loyal – würde dich nie fallen lassen, wenn du einmal durch ihre Mauer kommst

6. Die Sanfte

→ Du bemerkst sie fast nicht – bis sie singt, und du zitterst
• Look: Naturfarben, Barfuß-Vibes, Blumen im Haar
• Vibe: „Ich rede leise. Aber ich bleib in deinem Kopf.“
• Wirkung: Der stille Crush – sie ist die, über die man mit 30 noch nachdenkt

Die Rollenverteilung ist fluide:

Was eine ist, kann kombiniert werden, mit weiteren Rollen oder anderen Darstellungen.

- Lolita + Schüchterne → Das „Unschuldslamm“, bei dem Jungs sich fragen, ob sie beschützen oder entjungfern sollen.
- Vamp + Big Sister → Ich hab alles im Griff. Auch dich, Kleiner.
- Exot + Träumerin → Sinnlich, aber fern – fast wie ein Fabelwesen, das man nie ganz greifen kann.
- Sportliche + Clown → Sie ist laut, albern, rotzt dir Gummibärchen ins Gesicht – und beim Schlaflied weinst du heimlich.

- Rebellin + Melancholikerin → Tough nach außen, zerbrechlich im Inneren – die „Bring-mich-zur-Ruhe“-Fantasie

Was das Ganze spannend macht:
Man bietet Fantasien an, die:
• Jungs **ermutigen** (sie fühlen sich stark, gebraucht, als Held)
• oder sie **demütigen** (sie fühlen sich klein, unterlegen, und wollen das)
Je nach Charakter-Typ der Jungs greifen sie zu ihrer Favoritin.

Lust auf ein paar Lieder, die die Mädels singen könnten?

„I Want to Lick Your Lollypop“
Hook (leicht neckend, wie ein Kinderlied für Erwachsene):
I want to lick your lollypop,
Sweet and slow, don't let it drop.
One more taste and I can't stop –
You're my favorite sugar shock.
→ Süß, verspielt, ein Ohrwurm – als würde man frech mit dem Strohhalm klirren.

„Come with me“
Come with me, it's getting late,
Your heartbeat's fast – is it the bait?
Close the door and lose the key,
No one has to know but me.
Shhh... just come. Just... come with me…
(Background: „Come with me, come with me…")
→ Es wird etwas undeutlich gesungen – hat sie gerade come oder etwas anderes gesungen?

Lieder also nicht über die große Liebe, sondern **doppeldeutig, sexy.**
Auftritt: nicht nackt, aber so, dass Jungs bei YouTube gerne schauen – und auf Stopp drücken bei Minute 2:34, weil auf dem Schulhof gesagt wurde, wenn Angel dort in den Spagat geht, würde sich was abzeichnen.
Oder ganz klar: sich abzeichnende Brustwarzen unter zu enger Kleidung.
Starke Hintergrundbeleuchtung, um ein wenig durch die Kleidung sehen zu können.
Also: alles schön sexualisiert.
Würde das funktionieren, wenn man 20 Jahre alte Frauen so inszeniert?
Ja.
Sie wären ein Skandal – aber Jungs zwischen 12–16 würden sie garantiert lieben. Oder hätten sie in den 90ern geliebt.
Während Mädchen schmachten dürfen, ist das männliche Gegenstück allerdings direkt als etwas „Perverses" abgestempelt.
Jungs sind einfach anders, weil sie direkter körperlich reagieren – und Schmachten eher als weiblich gilt.
Bei Jungs ist sofort ein Rollenbild da: Du findest die gut, du bist erregt – also unanständig.
Genau da liegt das Problem.
Und so eine Band hätte da eben diese Gratwanderung – und wäre daher Firmen viel zu heikel.
Man würde Unmengen an Geld scheffeln, mit Sicherheit, aber es würde auch direkt in Verruf geraten.
Omi schenkt zu Weihnachten gerne der 13-jährigen Enkelin ein Kissen mit austauschbarem Kevin drauf.

Omi schenkt aber ihrem Enkel kein Posterbook von der Band „Sugar Sin“, die ihr Enkel offensichtlich als Vorlage für … na ja … nimmt.
Kurz runtergebrochen also:
Das Begehren männlicher Teenager wird nicht als schützenswert, sondern als unangemessen gesehen.
Männliches Begehren ist kein Kuschelfaktor.
Es ist eine stille, unangenehme Kraft in der gesellschaftlichen Wahrnehmung – obwohl es völlig natürlich ist.
In Foren würde sofort diskutiert: „Ist das Ausbeutung? Ist das frauenfeindlich? Ist das pädophil?“ – obwohl alle Sängerinnen 20 wären und das Marketing auf Teenager abzielt. Hier würde eine Frühsexualisierung der Jugendlichen angeprangert, obwohl vermutlich jeder weiß dass die mit spätestens 14, dank Smartphone, alles in jeder Position schon gesehen haben werden.

Mädchen dürfen sich verlieben.
Jungs müssen funktionieren.
Teenie-Herzschmerz wird belächelt.
Teenie-Erektion verschwiegen.
Wo bei ihr ein Poster an der Wand hängt,
beginnt bei ihm das Tabu –
und das Ende der Unschuld.

10. Zu alt für den Traum: Wenn die böse 30 kommt

Boybands haben ein Haltbarkeitsdatum, das ihnen quasi in den Pass gedruckt wird. Sobald man zu alt wird oder die Zielgruppe einfach aus dem Alter wächst, ist es vorbei. Das können zehn Jahre sein – oder, wie in vielen Fällen, sehr viel kürzere Zeiten. Für viele der Jungs bedeutet es: Einmal Star und zurück. Die wenigsten schaffen den Absprung und werden Solostars. Erwähnt wurden schon Robbie Williams, Justin Timberlake, Ronan Keating oder Ricky Martin – aber schaut man sich die Masse an Bands an, sind drei von zig Leuten nicht viel.
Die meisten geraten in Vergessenheit, können dann bei „Ich bin ein Star – Holt mich hier raus" am Lagerfeuer sitzen und Kamelhoden essen.

Aber es gibt auch Comebacks: Die Backstreet Boys machen noch immer – wenn auch weniger erfolgreich – Musik. Und wenn das Teenager-Mädchen von damals nun Ende 30 ist, kann sie ihren Teenietraum nochmal aufleben lassen und ihre Jugend für ziemlich viel Geld zurückkaufen. Vermutlich verkaufen sie heute weniger Merch an die erwachsene Zielgruppe, dafür aber genau diese emotionale Nostalgie. Take That hatten ein sehr gutes Comeback, Boyzone ein fast schon ironisches, bei dem die gestandenen Männer nochmal eine eingängige Nummer sangen und genau wie früher ihre einstudierte Choreo tanzten. Ihr Comeback wurde durch den tragischen Tod von Stephen Gately jedoch schnell beendet.

Der Schatten hinter dem Glamour

Was bleibt, ist nicht nur die glitzernde Show, sondern oft auch der Druck und die Schattenseiten. Während der Zeit im Rampenlicht sprechen viele von Knebelverträgen, strengen Vorgaben und einem enormen Leistungsdruck. Man muss funktionieren – jeden Tag, jede Show, jeden Song. Das bringt viele an ihre Grenzen und treibt manche in Suchtprobleme oder in den Burnout. Denn die Industrie erwartet nicht nur perfekte Stimmen, sondern auch perfekte Images und Verhalten. Fehler oder zu viel Persönlichkeit werden nicht gern gesehen.

Psychische und soziale Folgen

Der Absturz nach dem Ruhm ist für viele brutal. Jahre lang war die Identität eng verbunden mit der Band, der Rolle im Team, dem Applaus. Plötzlich ist das alles weg – und viele stehen ohne Plan und Halt da. Psychische Probleme, Suchterkrankungen oder soziale Isolation sind oft die Folge. Nur wenige schaffen es, sich dauerhaft neu zu erfinden – als Solokünstler, Schauspieler oder Produzenten. Für sie gilt: Der Weg ist steinig, aber möglich.

Comebacks und Nostalgie – ein lukrativer Markt

Viele Comebacks leben von der Erinnerung, vom Gefühl der Nostalgie. Konzerte, Merchandise und Sondereditionen verkaufen nicht nur Musik, sondern vor allem Gefühle und die Sehnsucht nach der Jugend. Für die Fans ist es ein emotionaler Rückblick, für die Künstler eine Chance auf ein zweites Leben – auch wenn der Glanz von damals meist verblasst ist.

Industrie und Verantwortung – erste Schritte
Heute wird die Musikindustrie kritischer betrachtet. Themen wie psychische Gesundheit, faire Verträge und Künstlerrechte rücken zunehmend in den Fokus. Zwar gibt es Initiativen und mehr Offenheit, aber der Konkurrenzdruck bleibt enorm. Junge Talente stehen weiterhin unter großem Stress, und die Versuchung, den einfachen Weg zu nehmen, ist groß.

Das traurige Fazit

Vielleicht ist der traurigste Teil dieser Branche, dass die Jungen, die von Liebe singen, oft selbst kaum Zugang zu ihr haben. Sie müssen ständig funktionieren, perfekt wirken und eine Illusion verkaufen, die sie selbst nicht leben dürfen. Wenn die Musik verstummt und die Lichter ausgehen, bleibt oft nur die Frage: Wer bin ich ohne die Bühne?
Am Ende bleibt vielleicht genau das: eine Erinnerung. An Poster an der Wand. An Bravo-Sticker. An erste Schwärmereien.
An Jungs, die sangen, als würden sie nur dich meinen.
Und vielleicht ist das genug.
Vielleicht war es nie wichtig, ob die Liebe echt war – nur, dass sie sich für einen kurzen Moment so angefühlt hat.
Denn Boybands waren nie einfach nur Musik. Sie waren ein Versprechen.
Ein leuchtender Fluchtpunkt in einem Leben voller Mathearbeiten, Unsicherheiten und Pubertät.
Und ja, vieles daran war künstlich, kalkuliert, auf Zielgruppen zurechtgeschliffen.
Aber zwischen Choreo und Chartplatzierung war manchmal eben doch ein echter Blick, ein echter Ton, ein echter Herzschlag.

Vielleicht ist genau das das große Geheimnis der Boybands:
Dass ausgerechnet ein Produkt so etwas wie Gefühl erzeugen konnte.
Und wer es einmal gespürt hat, der weiß – auch wenn der Zauber vergeht, bleibt etwas davon zurück.
Nicht viel. Aber genug, um beim nächsten ‚I Want It That Way' auf einem Ü30-Floor plötzlich wieder dreizehn zu sein.
Und für dreieinhalb Minuten zu glauben: Vielleicht hätte er ja doch mich gemeint.

Abschließend schauen wir noch einmal auf Aussteiger die es geschafft haben und einige Verlierer des Systems Boyband.

1. Justin Timberlake (NSYNC) –
Vom Jungen zum Superstar

- **Was passierte**: Justin war der süße Junge mit dem Charme und der Stimme, die aus dem Schatten von *NSYNC herauswuchs. Nach der Bandauflösung 2002 startete er seine Solokarriere – mit Ohrwürmern wie Cry Me a River und SexyBack. Auch als Schauspieler konnte er Erfolge feiern und wurde als neuer Michael Jackson zeitweise gehyped.
- **Was blieb**: Er wurde zum Pop-Ikone, Schauspieler und Multitalent. Timberlake bewies, dass man mehr sein kann als ein Boyband-Mitglied. Er hat sich neu erfunden, ohne seine Wurzeln zu verleugnen.

2. Robbie Williams (Take That) –
Vom Rebell zum Pop-König

- **Was passierte**: Robbie verließ Take That 1995 als der wilde Bad Boy. Viele schrieben ihn ab, doch er startete eine Solokarriere, die Anfangs floppte. Sein George Michael Cover Freedom lag im Laden wie Blei, er glaubte abgeschrieben zu sein. Doch dann kam noch eine Single: Angels. Über Nacht würde sein Comeback zum Erfolg und sicherte ihm einen Platz in der Popgeschichte.

- **Was blieb**: Hits wie Angels und Let Me Entertain You machten ihn zum Solostar. Trotz seiner Dämonen blieb er relevant und beliebt – ein Beweis, dass selbst der größte Aussteiger zurückkommen kann und dabei oft genau die Dreckigkeit behielt, die ihn erst interessant machte.

3. Ronan Keating (Boyzone) –
Der Gentleman mit der sanften Stimme

- **Was passierte**: Nach dem Ende von Boyzone startete Ronan eine ruhige, aber beständige Solokarriere. Seine Balladen und sanften Songs fanden ein treues Publikum.
- **Was blieb**: Keating blieb das Gesicht von Irish Pop, ein Gentleman der Musikbranche. Kein lauter Knall, aber ein konstantes Leuchten. Und die kurzzeitige Reunion von Boyzone machte ihn charmant, ein Augenzwinkern auf seine Vergangenheit.

4. Ricky Martin (Menudo) –
Vom Boy zum Latin-Legende

- **Was passierte**: Ricky startete als Teenager bei Menudo, einer der ersten großen Boybands außerhalb der USA. Nach seinem Ausstieg ging er solo und wurde mit Livin' la Vida Loca zum Weltstar.

- **Was blieb**: Martin prägte Latin-Pop wie kaum ein anderer, wurde zum internationalen Superstar und zeigte, dass Boyband-Herkunft auch zu echtem Weltruhm führen kann. Als er ausgesorgt hatte kam auch irgendwann das outing. Er lebt heute mit seinem Mann und seinen Kindern, singt noch immer und steht auch vor der Kamera als Schauspieler.
-

Die, die die Schattenmseite zu spüren bekamen

1. Lou Pearlman –
Der Vater aller Boybands (und aller Lügen)

Er war das Mastermind hinter den Backstreet Boys, *NSYNC, O-Town und LFO. Doch Pearlman war weniger Visionär als Trickbetrüger.

- **Was passierte:** Pearlman hatte über Jahrzehnte ein Schneeballsystem aufgebaut, mit dem er Investoren (darunter auch Familien von Bandmitgliedern) um über 300 Millionen Dollar betrog.
- Die Bands verdienten trotz Millionenverkäufen kaum etwas – *NSYNC verklagte ihn, die Backstreet Boys ebenso.
- 2008 wurde er zu 25 Jahren Haft verurteilt. 2016 starb er im Gefängnis.
- **Was bleibt:** Ohne ihn keine Boyband-Ära – aber auch keine gerechte Bezahlung und kein fairer Umgang mit jungen Künstlern. Pearlman war das System in Person: charmant, manipulativ, zerstörerisch.

2. Brian Harvey (East 17) –
Vom Posterboy zum Zusammenbruch

East 17 waren die etwas dreckigeren Backstreet Boys aus England – und Brian war ihr Gesicht.

- **Was passierte:** Nach einem Interview, in dem er sagte, er habe mal 12 Ecstasy-Tabletten auf einmal genommen (und das für ungefährlich hielt), wurde er gefeuert.
- Später erlitt er psychische Zusammenbrüche, sprach von Suizidgedanken, fuhr sich mit dem Auto über den Kopf (angeblich ein Unfall unter Drogeneinfluss).
- **Was bleibt:** Ein erschütterndes Beispiel dafür, wie wenig Unterstützung Künstler nach dem Hype bekommen. Harvey war kein Bad Boy – er war einfach nicht dafür gemacht, ein Star zu sein.

3. Aaron Carter –
Im Schatten des Bruders

Kein Boybandmitglied im engeren Sinne, aber untrennbar mit der Backstreet Boys-Ära verbunden.

- **Was passierte:** Als kleiner Bruder von Nick Carter stand Aaron von Kindesbeinen an im Rampenlicht. Während Nick Millionen machte, kämpfte Aaron mit Relevanz, Sucht, Identitätskrisen.
- Öffentlich ausgetragene Familiendramen, Social-Media-Zusammenbrüche, eine lange Drogenkarriere.
- Der Versuch, verzweifelt relevant zu bleiben: Gesichtstattoos, OnlyFans, Interviews – in denen er sich immer weiter entblößte.
- **2022** starb er mit nur 34 Jahren – allein, unter Drogen, in seiner Badewanne.
- **Was bleibt:** Ruhm ist kein Geschenk, wenn man nie weiß, wer man selbst ist. Aaron wurde oft eher ausgestellt als ernst

genommen. Vermutlich der Grund weshalb er letztlich zerbrach.

4. **Stephen Gately (Boyzone) – Der zu frühe Outlaw**

Er war der erste große Boyband-Star, der sich outete. Und wurde dafür nicht gefeiert – sondern zerrissen.

- **Was passierte:** 1999 outete sich Stephen – auf dem Höhepunkt des Boyzone-Ruhms. Die Medien reagierten kühl bis hämisch.
- Zwar blieb er in der Band, doch seine Beziehung wurde kaum gezeigt, seine Rolle zunehmend kleiner.
- **2009** starb er überraschend mit nur 33 Jahren – an einem nicht erkannten Herzfehler oder an Ersticken durch Erbrochenes. Was genau stimmt, wird man wohl nie erfahren.
- **Was bleibt:** Stephen war ein Pionier – aber in einem System, das ihn nicht wollte. Vorher waren Schwule oft nur die Spaßmacher im Hintergrund. Stephen sagte: Ich bin wie ich bin. Und das war mehr, als man damals hören wollte.

  Für viele junge Schwule war das ein stiller Hoffnungsschimmer: Der Loverboy an der Wand war nicht nur Projektion – er war wie sie.

  Ein zu selten gewürdigter Mensch, der mehr bewirkt hat, als viele je gesehen haben. Er war ein leiser Bruch in einer glatten Fassade – und hat mehr verändert, als man ihm je zugestanden hat. **Danke, Stephen.**

5. **Ashley Parker Angel (O-Town) – Vom Posterboy zur Bühnenkante**

Er war das Gesicht von O-Town – der Blonde, der Hübsche, der „Auserwählte“. Castingshow-Star, Teenie-Traum, Hoffnungsträger. Und dann?

- **Was passierte**: Ashley wurde 2000 über Making the Band gecastet. Er war der Liebling der Kamera, der Bravo – und der Plattenfirma. Doch O-Town war ein Konzept auf Zeit. Nach dem Hype um Liquid Dreams und All or Nothing kam schnell der Absturz: schlechte Verkaufszahlen, Bandauflösung, die übliche Boyband-Diät aus zu viel Erwartung und zu wenig Halt.
- **Soloversuch & Reality-TV**: 2006 versuchte Ashley es solo – mit dem Album Soundtrack to Your Life und einer MTV-Dokureihe über sein Comeback. Das war ehrlich, aber auch schmerzhaft: Man sah einem Ex-Star beim Verblassen zu. Die Charts zuckten kurz – und verstummten dann.
- **Was blieb**: Ashley ging an den Broadway, spielte in Musicals wie Hairspray und Wicked. Er wurde Schauspieler, Fitnessmodel, Vater. Kein Absturz – aber auch kein Comeback.

  Er blieb hübsch, er blieb gesund — doch die ganz große Bühne blieb aus.
- **Was bleibt**: Ashley war das perfekte Boyband-Gesicht – aber kein Popstar fürs Leben.

  Er zeigte, was passiert, wenn das Produkt fertig ist – und die Nachfrage versiegt. Nicht tragisch. Nur traurig leise. Und vielleicht ist das die bitterste Pointe:

> Manchmal stürzt man nicht laut ab – man wird einfach nicht mehr gebraucht.

Diese fünf Geschichten sind keine Einzelfälle, sondern stellvertretend für viele, die im Glanz der Bühnenlichter zerbrachen oder im Schatten des Erfolgs verblassten. Sie zeigen: Die Boyband-Maschine kann genauso zerstörerisch sein wie sie fasziniert. Von der skrupellosen Manipulation über den psychischen Zusammenbruch bis zur sozialen Ächtung und der schnellen Bedeutungslosigkeit – der Ruhm bringt nicht nur Applaus, sondern auch tiefe Narben. Und doch bleibt der Mythos, der Traum, die Sehnsucht. Denn am Ende ist die Bühne, so bitter sie auch sein mag, für viele die einzige Heimat.

Nachwort – wehe, du skippst

Ich hatte das hier mal als kleines Projekt angefangen. Ein bisschen aus Spaß, ein bisschen aus Neugier. Und dann wuchs es. Und wuchs.
Ich habe Dokus geschaut, mich durch alte Bravo-Interviews gewühlt, YouTube durchforstet – und vor allem: Musik gehört. Viel Musik. Auch viel schlechte Musik.
Bei Filmen ist es ähnlich: Ich liebe Trash. Aber nur, wenn er ernst gemeint ist. Sharknado? Geschenkt. Catwoman mit Halle Berry? Meisterwerk des unfreiwilligen Humors – weil sie dachte, das sei cool. Und es komplett ernst meinte.

So ist es auch hier. Bestes Beispiel: **Touché**. Mein Gott, finde ich sie schlecht. Dieses 80er-Jahre-Autotune-Gewaber, ihr furchtbares „YMCA“ – ich kann einfach nicht anders, ich muss das Lied aus der Gruft des Boyband-Friedhofs zerren, immer wieder. Es ist akustische Körperverletzung. Und wenn man sieht, wie sie dabei herumhampeln und krampfhaft cool sein wollen – dann ist das pures Entertainment. Zumindest für mich.

Ich habe wirklich lange recherchiert – inklusive mehrerer dieser „Top 100 Boyband Songs“-Videos auf YouTube. Teilweise, um zu prüfen: Habe ich irgendwen vergessen? Gab es zwischen US5 und One Direction doch noch einen großen Namen?
Nach ein paar Listen wollte ich mir allerdings den Kopf gegen die Tischkante schlagen: **Die Beatles** auf

Platz 69 mit Let It Be – und davor Tearin' Up My Heart? Ernsthaft?
Erstens: Die Beatles sind **keine** Boyband. Definiert doch erst mal, was eine Boyband ist!
Und zweitens: Wenn ihr die Beatles schon reinnehmt und dann nur Let It Be, ist das a) albern und b) inkonsequent.
Denn wenn die Beatles da drin sind, dann – sorry an alle Kevins und Justins – belegen ihre Songs Platz 1 bis 40. Punkt.

Dann kommen noch **Jonas Brothers** und **Hanson** – selbstgegründete Teeniebands, ja, mit ähnlichem Publikum, aber nicht dasselbe wie eine Caught in the Act Band.
Busted, **McFly**, **5 Seconds of Summer**? Pop-Rock für Teenager, keine Pop-Boybands im klassischen Sinn.
Busted waren sogar kurz davor, hier eine Bio zu bekommen, um das klarzustellen – bis das Projekt zu lang wurde.

Genau wie die geplanten Girlband-Bios (**No Angels**, **Spice Girls**), die ich am Ende gestrichen habe, weil sie das Konzept verwässert hätten. Die Unterschiede zwischen Boy- und Girlbands kriegen trotzdem ihr eigenes Kapitel – aber im Zentrum stehen hier die Boybands, nicht die Cousinen aus der Parallelwelt.
Ich hatte trotzdem meinen Spaß bei der ganzen Sache. Ich habe mich ausgetobt. Und hoffentlich keine verbrannte Erde hinterlassen.

Es war ein Zeitsprung. Zurück in die Bravo-Jahre, als Mathe nervte, die Hausaufgaben egal waren – und irgendwo wieder eine neue Boyband vergaß, ihr Hemd zuzuknöpfen.

Und falls du jetzt wissen willst, welche Boyband-Banger mir heute noch Gänsehaut machen – ich habe da was vorbereitet. Komm vorbei, lass uns weiterreden.
Denn auch wenn Nick Carter nie dein Freund war – ich bin's. Vielleicht. Zumindest auf Instagram.

ISBN 978-3-8197-9409-4
9 783819 794094 00003
www.epubli.com